工程图学精品共享课程建设系列教材

工程设计制图习题集

（第二版）

主　编　潘淑璋　谷艳华
副主编　李　军　闫　冠　付春艳
主　审　王秀英

科学出版社

北　京

内 容 简 介

本习题集与主教材《工程设计制图(第二版)》配套使用,为吉林大学"十二五"规划教材建设项目。

习题集以体为主线来编排和设计作业题目,突出读图能力的培养;习题类型多样化,增加了基于草图拉伸成形及特征造型的计算机三维构型的概念,难度适中;对于阶段性的大作业,还配有较详尽的作业指导;采用最新颁布的国家标准,便于组织教学。

本习题集适用于高等理工科院校近机械类、非机械类专业(60~80学时)工程图学教学使用,也可供电大、函授、高职等非机械类各专业使用,还可供有关工程技术人员参考。

图书在版编目(CIP)数据

工程设计制图习题集/潘淑璋,谷艳华主编. —2版. —北京:科学出版社,
2014.8
 工程图学精品共享课程建设系列教材
 ISBN 978-7-03-040899-0

Ⅰ.①工… Ⅱ.①潘…②谷… Ⅲ.①工程制图-高等学校-习题集
Ⅳ.①TB23-44

中国版本图书馆 CIP 数据核字(2014)第 120053 号

责任编辑:朱晓颖　张丽花/责任校对:胡小洁
责任印制:赵　博/封面设计:迷底书装

科学出版社 出版
北京东黄城根北街 16 号
邮政编码:100717
http://www.sciencep.com

天津市新科印刷有限公司印刷
科学出版社发行　各地新华书店经销

*

2014 年 8 月第　一　版　开本:787×1092　1/16
2025 年 10 月第二十三次印刷　印张:5 1/4
字数:131 000

定价:29.80元
(如有印装质量问题,我社负责调换)

第二版前言

本习题集与同时出版的《工程设计制图》(第二版，科学出版社，2014 年) 教材配套使用。该套教材为吉林大学"十二五"规划教材建设项目。

习题集第一版与王秀英主编《工程设计制图》第一版同步出版于 2008 年。随着教学改革的不断深入、三维计算机辅助技术的推广与普及，以及国家相关标准的不断更新，教材内容已做修改与调整更新。为辅助读者掌握教材相关内容，利于教材的推广使用，便于教师组织教学，作为配套使用的习题集随《工程设计制图（第二版）》教材做出了同步调整。新版习题集有如下特点：

1. 以体为主线来编排和设计作业题目，并注重点、线、面与立体的投影相结合，投影与视图、形体分析与构型设计相结合，突出了读图能力的培养。

2. 习题类型多样化，融入了基于草图拉伸成形及特征造型的计算机三维构型的概念；精选了习题内容，并调整了习题的深度和难度，各章节习题均有一定余量，便于教学中选用；对于阶段性的大作业，配有较详尽的作业指导，便于组织教学，以适应近机械类、非机械类各专业教学的需要。

3. 全面采用我国截止 2013 年颁布的技术制图、机械制图等国家标准，以使读者及时了解有关国家标准的变化，便于在设计和绘图中贯彻执行。

本习题集由潘淑璋、谷艳华主编，李军、闫冠、付春艳为副主编。参加编写工作的有：李军、刘宇（第 1 章、第 4 章），潘淑璋（第 2 章），闫冠（第 3 章），刘颖（第 5 章），付春艳（第 6 章、第 9 章）、谷艳华（第 7 章），潘子健（第 8 章）。

吉林大学王秀英教授对本习题集进行了详细的审阅，并提出了许多宝贵意见和建议，在此表示衷心的感谢。

本书的出版得到吉林大学教务处、机械科学与工程学院、吉林大学机械基础教学中心、工程图学教研室等单位的大力支持，在此一并表示诚挚的感谢。

由于编者水平有限，书中难免有不足或不妥之处，恳请读者批评指正。

编者
2014 年 5 月

第一版前言

本习题集是根据国家教育部工程图学教学指导委员会 2004 年制定的《普通高等院校工程图学课程教学基本要求》，在认真总结多年来教学改革和教材建设成功经验的基础上编写而成的。为适应高等院校工程图学教学改革和多媒体教学的需要，充分发挥纸质教材和电子教材的优势，我们编写了包括本习题集和主教材《工程设计制图》的、适用于非机类专业的工程图学课程立体化教材。该套教材为吉林省教育教学改革项目的研究成果，也是吉林大学"十一五"规划教材建设项目。本习题集与同时出版的《工程设计制图》（科学出版社，2008 年）教材配套使用。

本习题集有如下主要特点：

1. 以体为主线，遵循从三维立体到二维图形的认识规律来编排设计作业题目，并注重把点、线、面与立体的投影相结合，把投影与视图、形体分析与构型设计相结合，突出了读图能力的培养。

2. 习题类型多样化，内容循序渐进、由浅入深、全面丰富，便于学生理解和练习；对于阶段性的大作业配有适当的作业指导；便于组织教学，适应于近机类、非机类各专业教学的需要。

3. 考虑到徒手绘图是计算机辅助设计绘图技术及构思设计时必须具备的技能，本习题集将徒手绘图内容贯穿于整个教学环节和作业实践中，加强对徒手绘图基本功的训练，以利于培养空间想像与构思能力及创造性的形体设计能力。

4. 全面采用了我国 2008 年以前最新颁布的技术制图、机械制图等国家标准及制图有关的其他标准，以使读者及时了解有关国家标准的变化，在设计和绘图中贯彻执行最新国家标准。

本习题集适用于高等理工科院校近机类、非机械类专业（60~80 学时）使用，也可供其他专业或电大、函授、高职等非机械类各专业使用，还可供有关工程技术人员参考。

本习题集由王秀英主编，谷艳华、李军、闫冠为副主编。参加编写工作的有：李军（第一章、第十三章）、潘淑璋（第二章）、张云辉（第三章、第五章）、王秀英（前言、第四章、第十四章）、谭力（第六章）、谷艳华（第七章）、张秀芝（第八章、第十一章）、潘子健（第九章、第十二章）、付春艳（第二章、第十章）。

在本书编写与出版过程中，得到了吉林大学教务处、机械工程学院、机械基础教学中心、工程图学教研室等单位的大力支持，在此表示诚挚的感谢。

编者水平有限，书中难免有某些错误和不妥之处，恳请读者批评指正。

编者
2008 年 5 月

目 录

第二版前言
第一版前言
第 1 章 制图的基本知识和技能 ……………………………………………………………… 1
第 2 章 正投影基础 …………………………………………………………………………… 8
第 3 章 立体的投影 …………………………………………………………………………… 18
第 4 章 组合体视图 …………………………………………………………………………… 26
第 5 章 轴测图 ………………………………………………………………………………… 35
第 6 章 机件常用的表达方法 ………………………………………………………………… 38
第 7 章 标准件和常用件 ……………………………………………………………………… 52
第 8 章 零件图 ………………………………………………………………………………… 61
第 9 章 装配图 ………………………………………………………………………………… 72

第1章 制图的基本知识和技能

班级　　　学号　　　姓名

1-1 在图中已画好的尺寸线上标注尺寸数值（数值从图中直接量，并取整数，比例1∶1）。

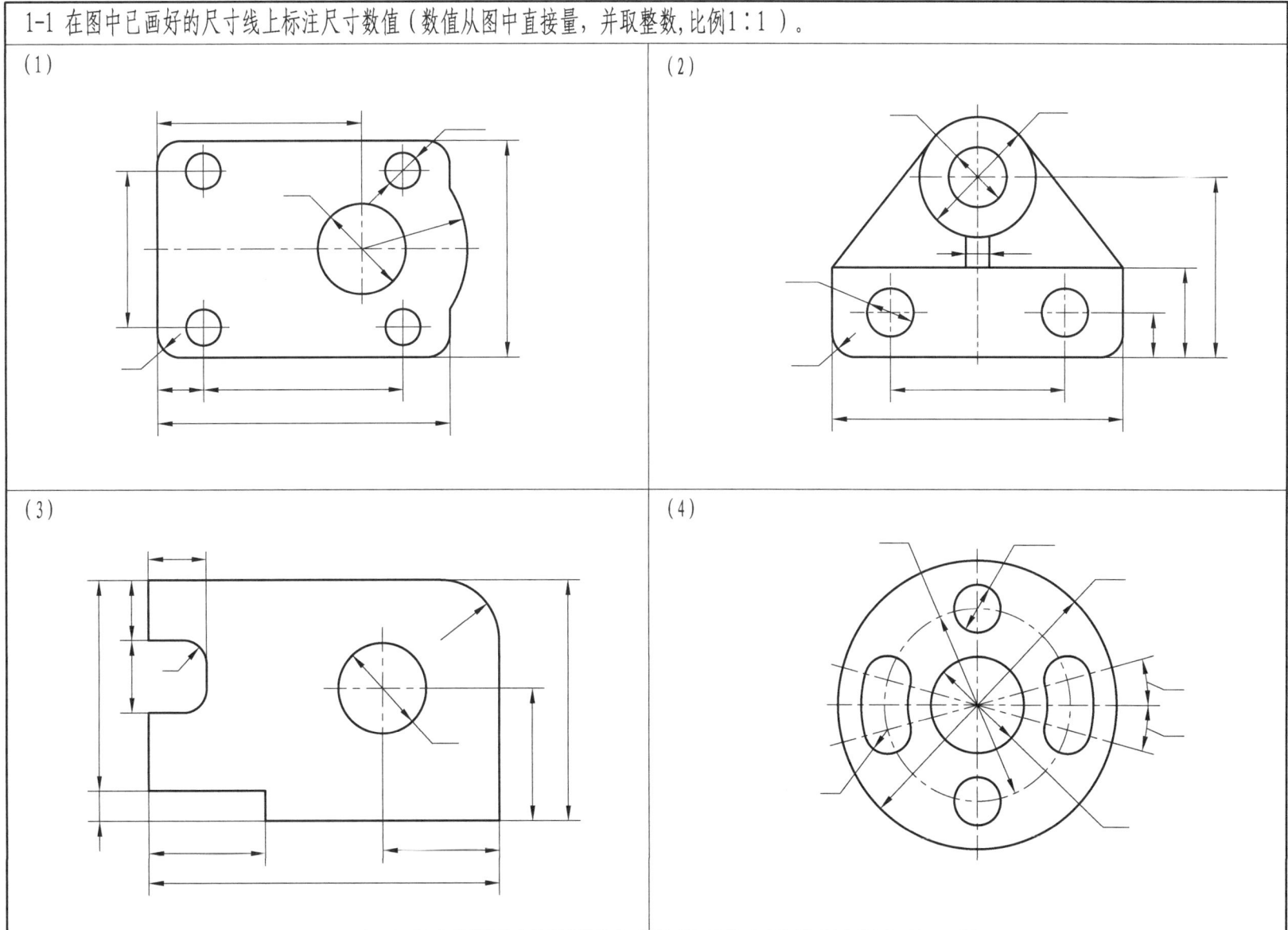

第 1 章 制图的基本知识和技能

班级　　　　学号　　　　姓名

1-2 尺寸标注练习（改正平面图形尺寸标注的错误，并在下图中重新标注尺寸）。

(1)

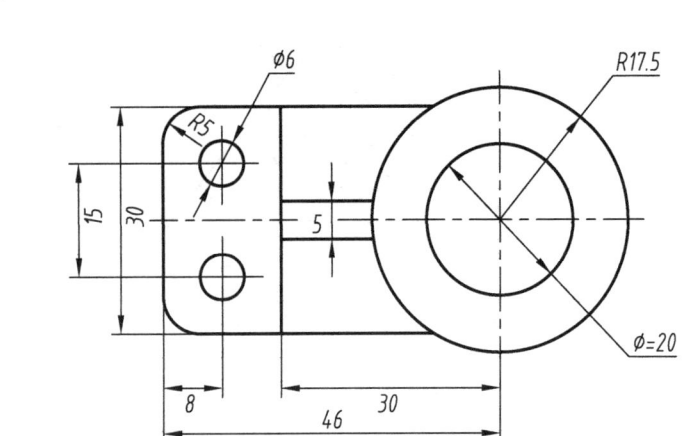

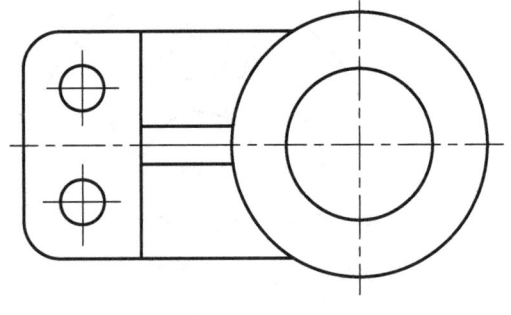

(2)

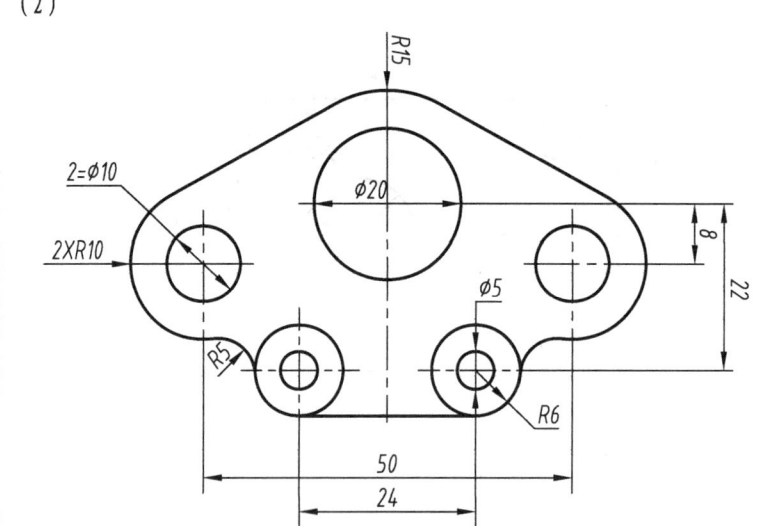

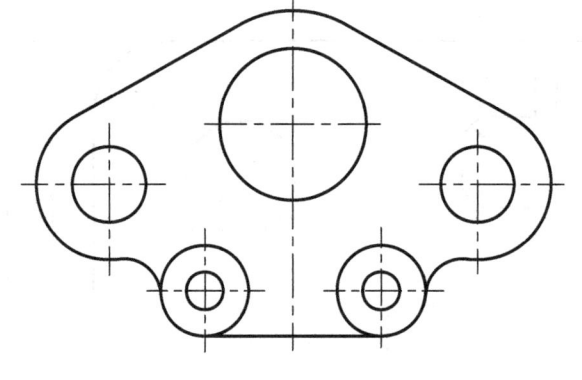

第1章 制图的基本知识和技能

班级　　　　学号　　　　姓名

1-3 尺寸标注练习（标注平面图形尺寸，数值从图中直接量取，并取整数，比例1∶1）。

(1)　　　　　　　　　　　　　　　(2)

(3)　　　　　　　　　　　　　　　(4)

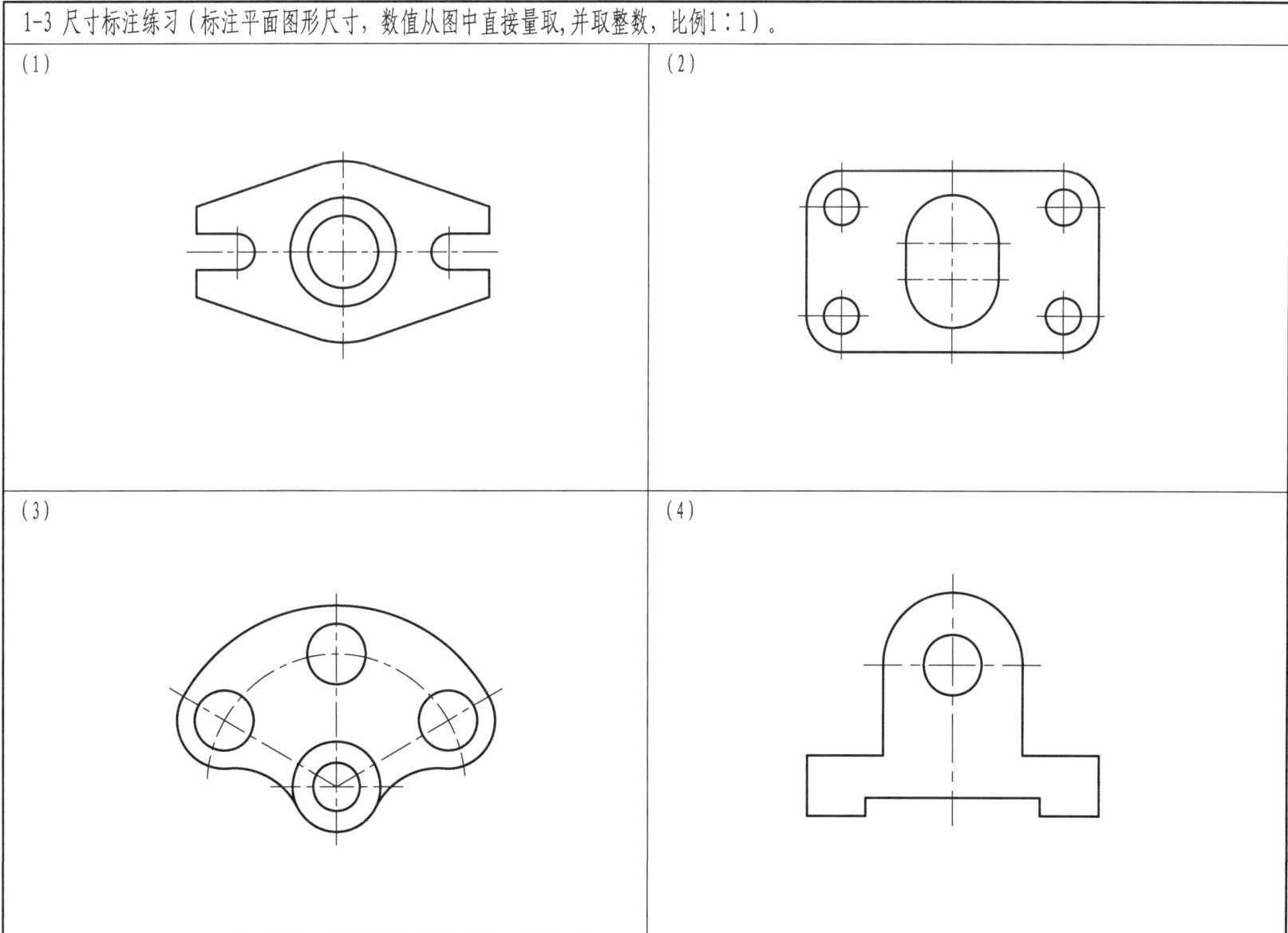

第 1 章　制图的基本知识和技能　　　班级　　　学号　　　姓名

1-4 圆弧连接（根据图中所给尺寸，在指定位置按 1∶1 画图，并标注尺寸）。

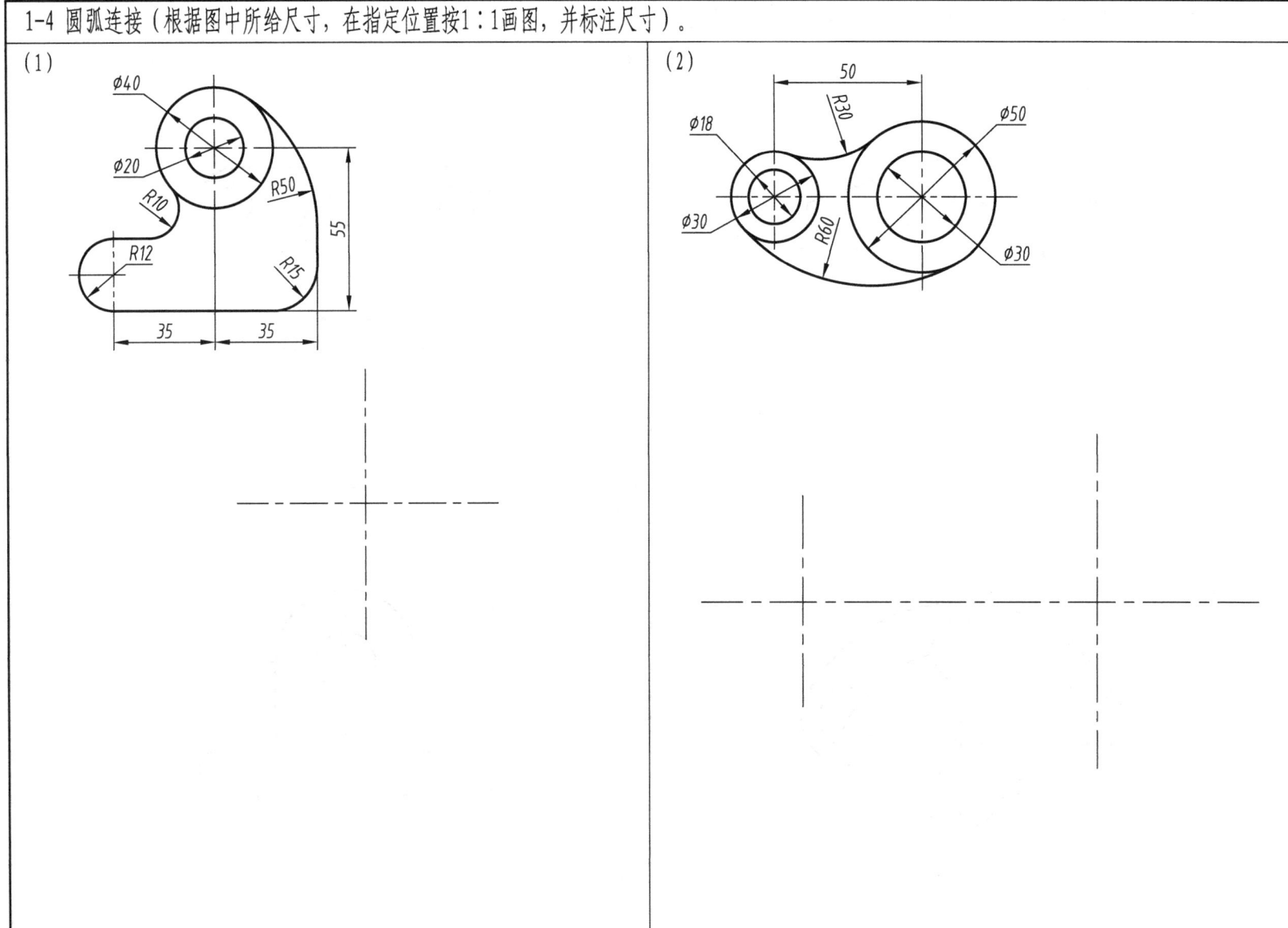

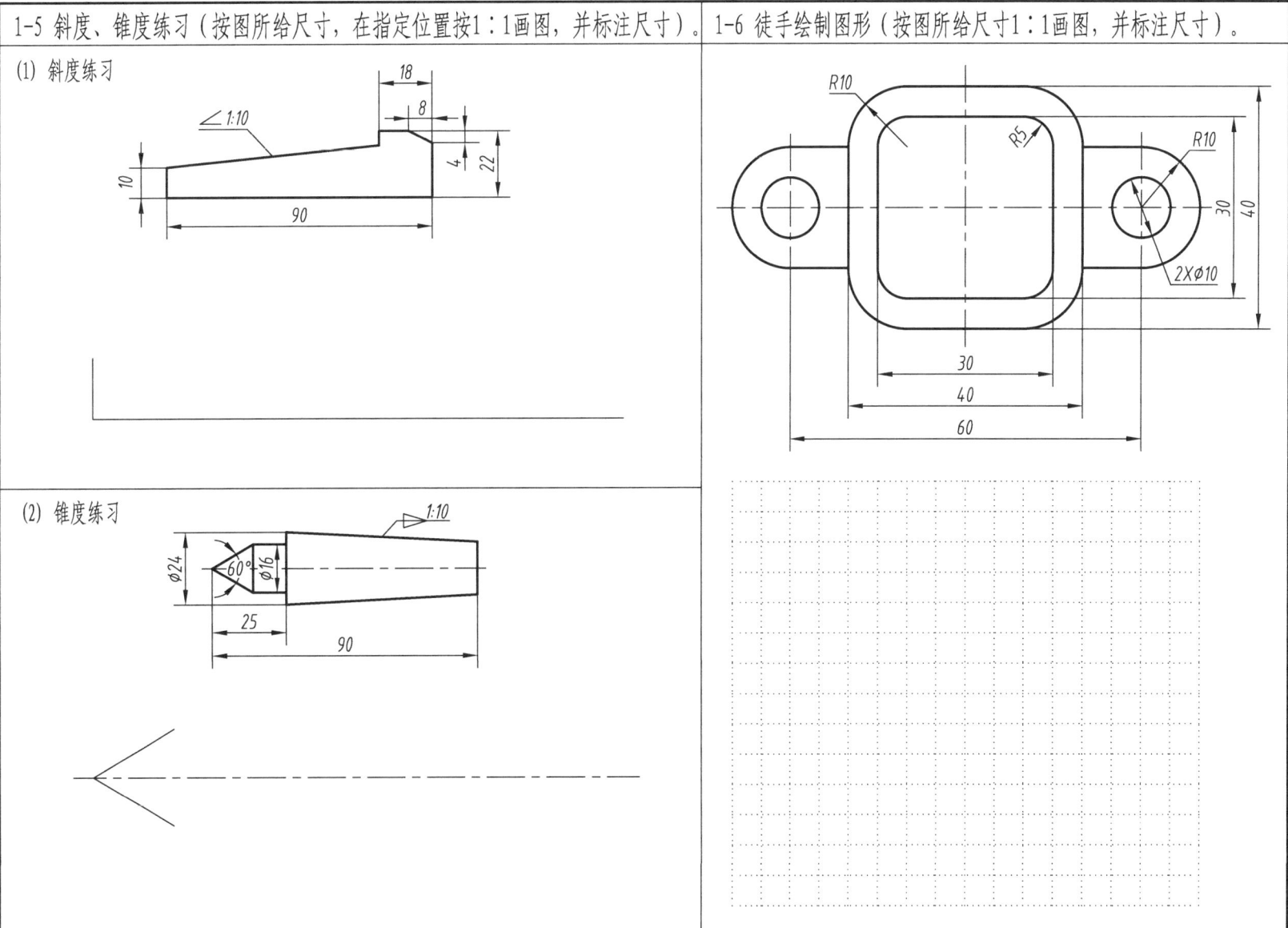

第1章　制图的基本知识和技能

班级　　　学号　　　姓名

大作业一　作业指导

一、作业内容

图线、尺寸标注及圆弧连接等基本训练（见习题集的1-7第一次作业）。

二、作业目的及要求

1. 熟悉有关图幅、图线、字体、尺寸标注、标题栏等国家标准。

2. 熟悉平面图形的尺寸分析、线段分析过程，掌握圆弧连接的作图原理和方法。

3. 通过作图练习，初步掌握绘图工具的使用方法，培养手工绘图的基本技能。

4. 在作图中要严格遵守国家标准《技术制图》与《机械制图》的有关规定，图中同类型的图线浓淡要一致，粗细要一致，段长要一致，字体要工整，汉字要写成长仿宋体。

5. 绘图工具的使用方法要正确，量取尺寸要精确。

6. 作圆弧连接时，要准确找到圆心和切点，然后画出连接弧，连接点处的图线应光滑过渡。

7. 尺寸标注要正确、完整、清晰，尺寸箭头大小要一致，尺寸数字一般采用3.5号字。

8. 作图比例采用1∶1。

三、作业时数

大约4学时。

四、作业题目

基本作图。

五、作业指示

1. 选用A3图纸，横放并用胶带纸固定在图板偏左下方的适当位置。

2. 画图框的底稿线（按装订格式绘制），在右下角靠齐图框画标题栏（采用标准格式）。

3. 布图，根据图中给定的尺寸确定每一个图形在图纸中的位置，然后画出作图基准线。

4. 分析图形中尺寸与线段的性质，从而确定作图顺序。

5. 按图中所给的尺寸画底稿，底稿要画得轻、细、准。对于曲线连接部分，应先画已知线段，再画中间线段，最后画连接线段，并要在底稿上精准确定切点和圆心的位置，供描图用。

6. 底稿画完后，需经指导老师检查无误后，再描深图线（先描圆弧，后描直线）。

7. 抄注图形中全部尺寸。

8. 填写标题栏，单位名称一栏中填班级和学号，图样名称一栏中填"基本作图"，用10号字写。图号栏中填"01.00"，前两位数表示第几次大作业，后两位数表示分题号，比例栏填"1∶1"，标题栏中其他字体为5号字。

第1章 制图的基本知识和技能

班级　　　学号　　　姓名

1-7 第一次大作业。

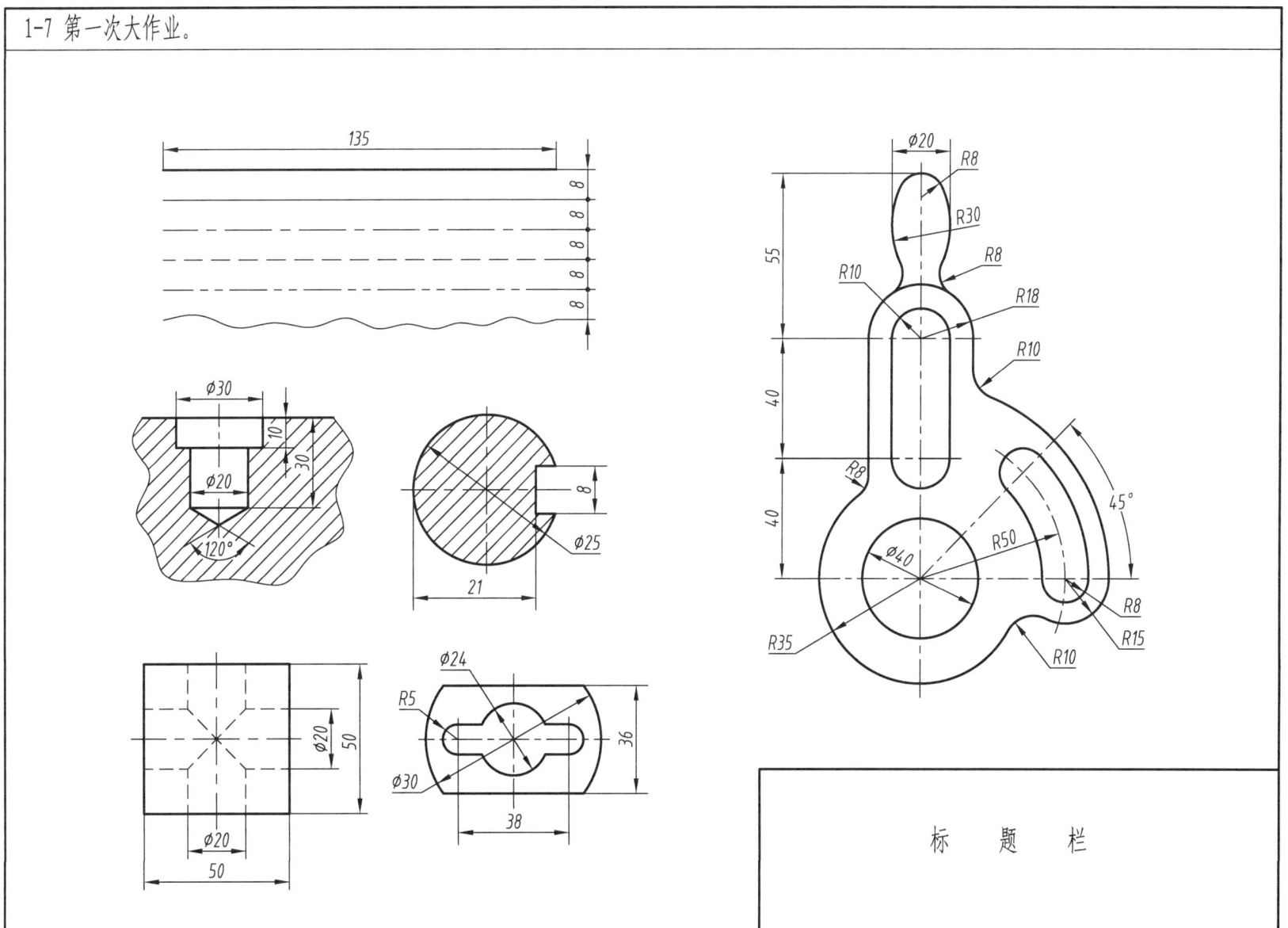

标　题　栏

第2章　正投影基础

班级　　　　学号　　　　姓名

2-1 已知A(25, 10, 20)、B(20, 0, 8)两点，画出这两点的三面投影，并画出点的轴测图。	2-2 已知A、B、C三点的两面投影，画出它们的第三投影。
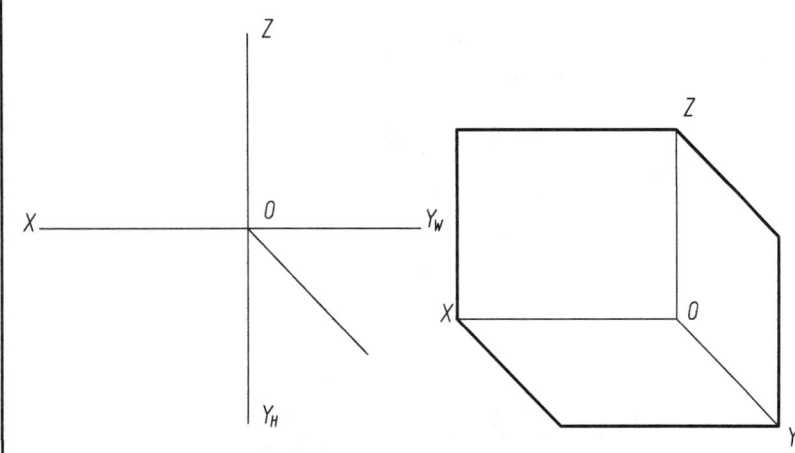	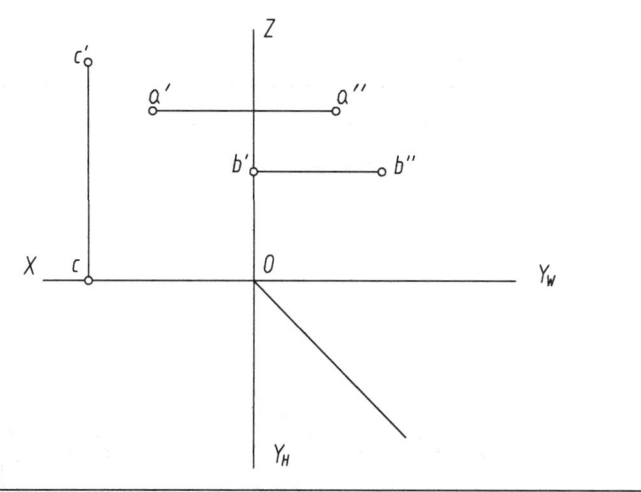
2-3 从立体图中按1∶1量取各点的坐标，画出其投影图。	2-4 已知点B在点A正左方，距离为12，点C与点A是V面投影的重影点；点D在点A的正下方，距离10。作出B、C、D的三面投影，并表明可见性。
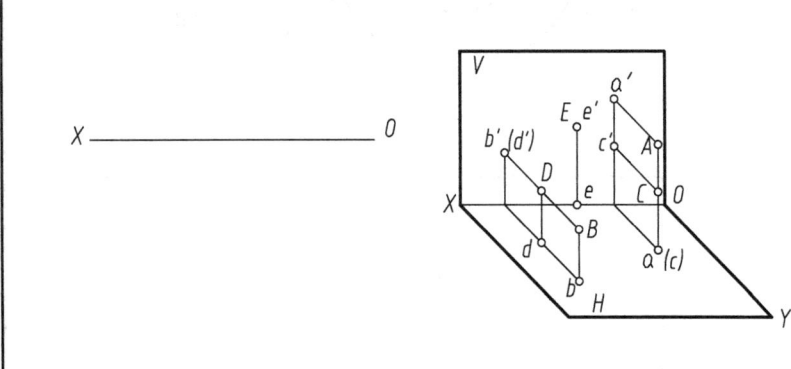	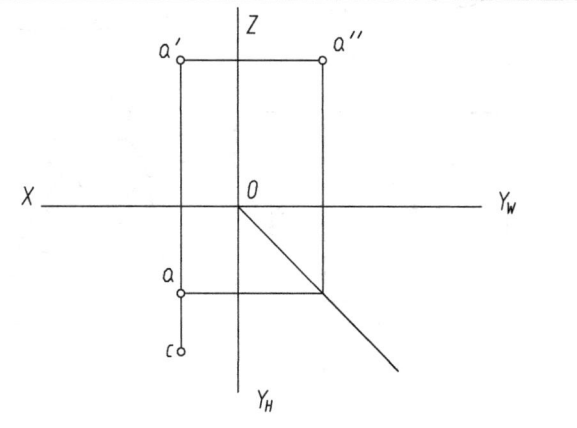

第2章 正投影基础

班级　　　　学号　　　　姓名

2-5 画出下列直线的第三投影，判别其对投影面的相对位置，并填写下面的空格。

(1)　　　　　　(2)　　　　　　(3)　　　　　　(4)　　　　　　(5)

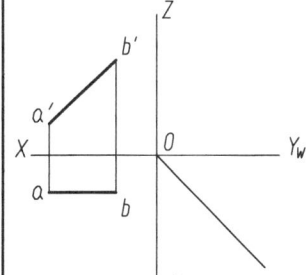 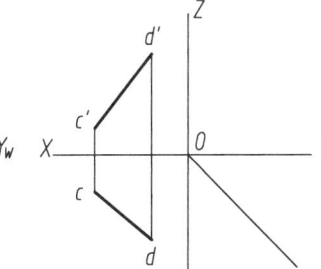

(3)
```
       Z
       │
    e'─┤
    f'─┤
  X────┼────Y_W
    e ─┤
    f ─┤
       │
       Y_H
```

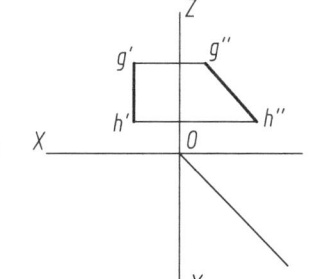 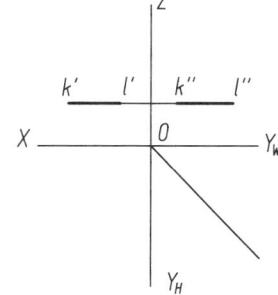

　　　　线　　　　　　　　　　线　　　　　　　　　　线　　　　　　　　　　线　　　　　　　　　　线

2-6 作出直线 EF、GH 的三面投影。

(1) 已知点 F 距 H 面为 25mm。

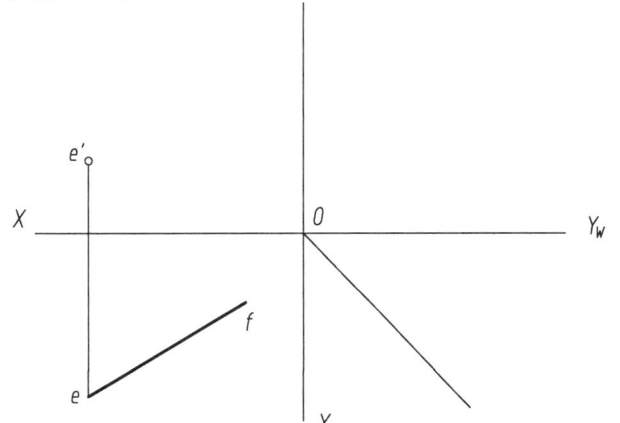

(2) 已知点 G 距 V 面为 5mm。

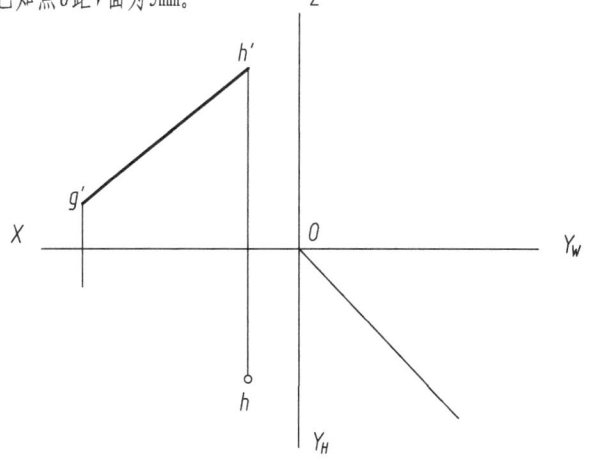

第2章　正投影基础

2-7 在已知线段AB上求一点C，使AC∶CB = 2∶3，并作出点C的投影。

(1)　　　　　　　　　　(2)

2-8 过已知点A作一正平线AB，使与已知直线CD相交于点B。

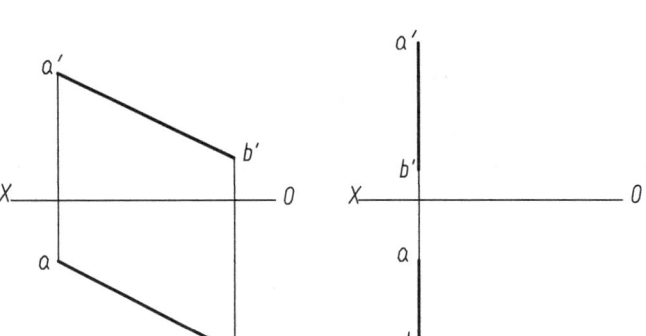

2-9 判断两直线的相对位置。

(1) 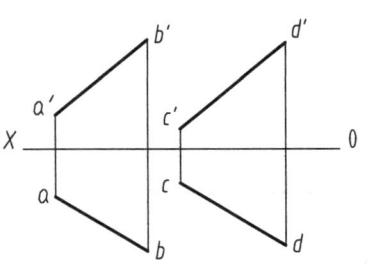　　(2) 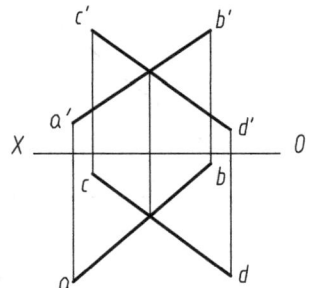　　(3) 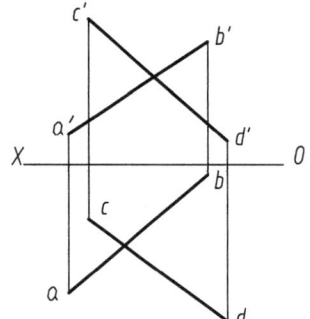　　(4)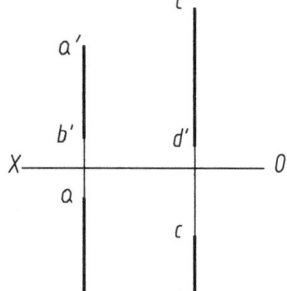

答：_____　　答：_____　　答：_____　　答：_____

第2章 正投影基础

班级　　　　学号　　　　姓名

2-10 用字母标出图中重影点的投影，并表明可见性。

(1)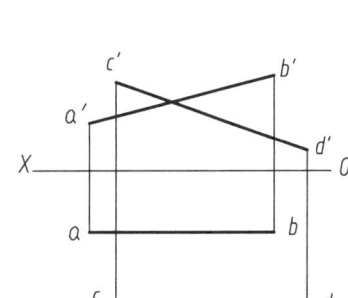

(2)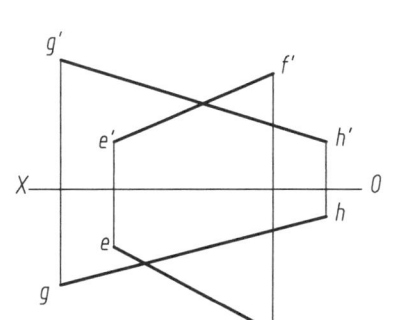

2-11 作直线MN与直线AB相交，且与直线CD平行。

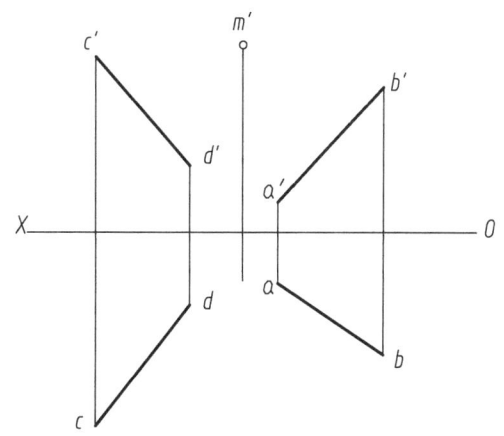

2-12 判断两直线是否垂直。

(1)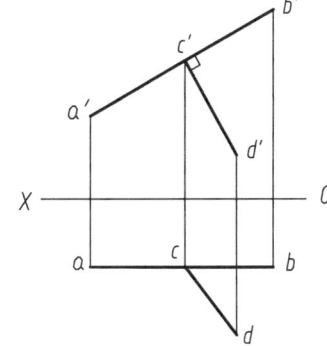

(2)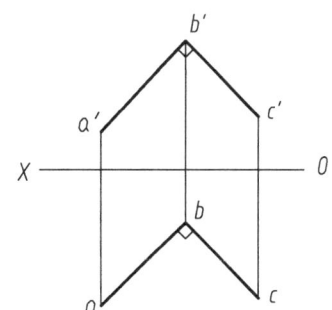

(3)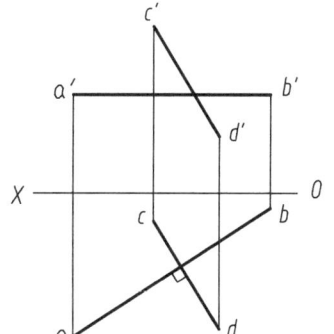

答：＿＿　　　　答：＿＿　　　　答：＿＿

第2章　正投影基础

班级　　　学号　　　姓名

2-13 过点M作直线MN与直线AB垂直相交。

(1)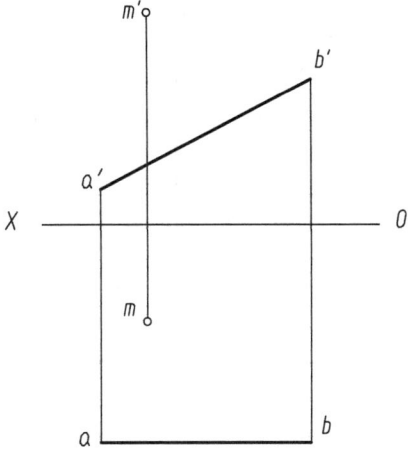

(2)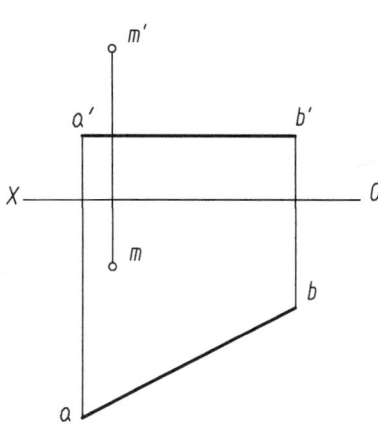

2-14 作出下列各平面的第三投影，并回答它们相对投影面的位置。

(1)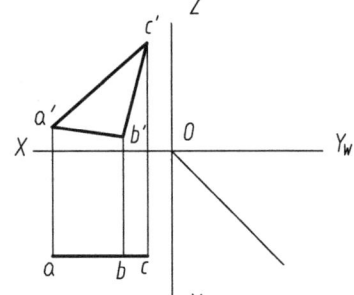

平面为 _____ 面

(2)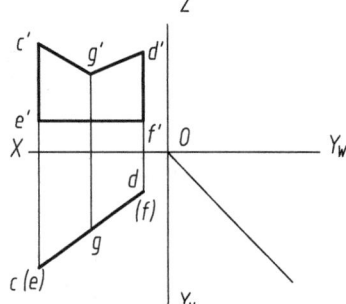

平面为 _____ 面

(3)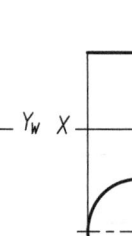

平面为 _____ 面

(4)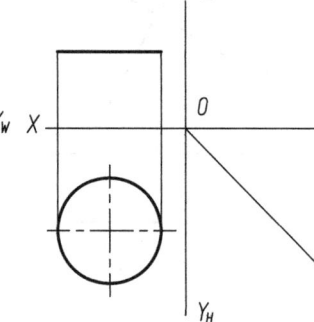

平面为 _____ 面

第2章　正投影基础

班级　　　　学号　　　　姓名

2-15 完成△ABC的水平投影（AD是属于△ABC平面内的侧垂线）。

2-16 已知等腰直角三角形ABC为一正平面，又知其斜边AC的正面投影和点C的水平投影，求其三面投影。

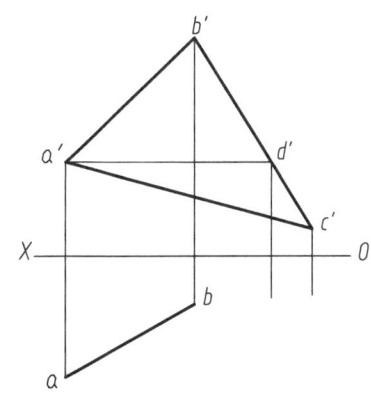

2-17 判断点K和直线MS是否属于三角形MNT平面，填写在下面的空格内。

2-18 判断直线MN是否属于△ABC平面。

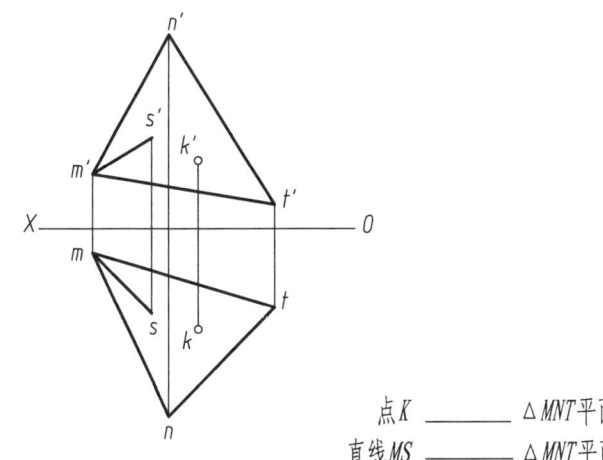

点K _____ △MNT平面，
直线MS _____ △MNT平面。

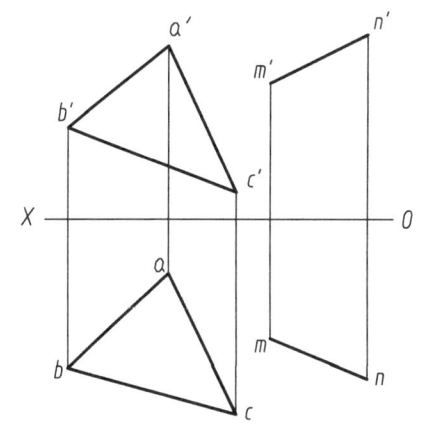

答：_____

第2章　正投影基础

班级　　　　学号　　　　姓名

2-19 求平行四边形ABCD的正面投影。

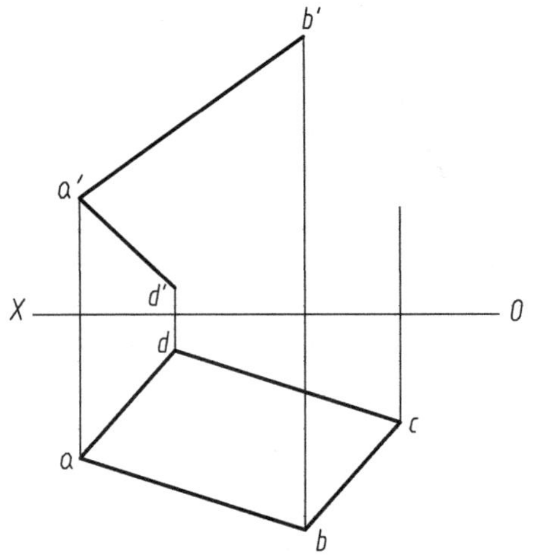

2-20 判断A、B、C、D四点是否在同一平面内，填写在下面的空格内。

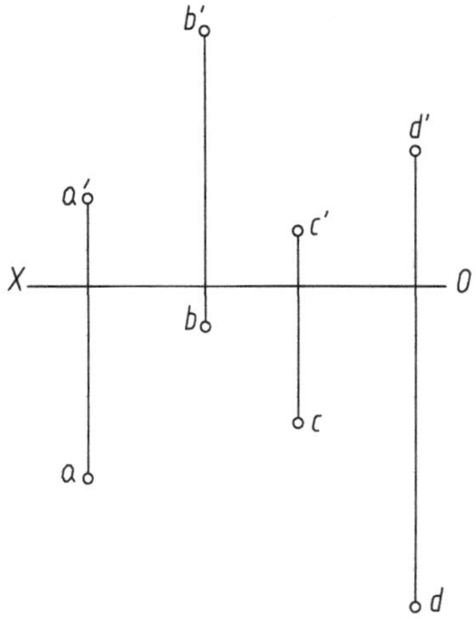

四点 _____ 同一平面

2-21 作出平行四边形ABCD上的△EFG的正面投影。

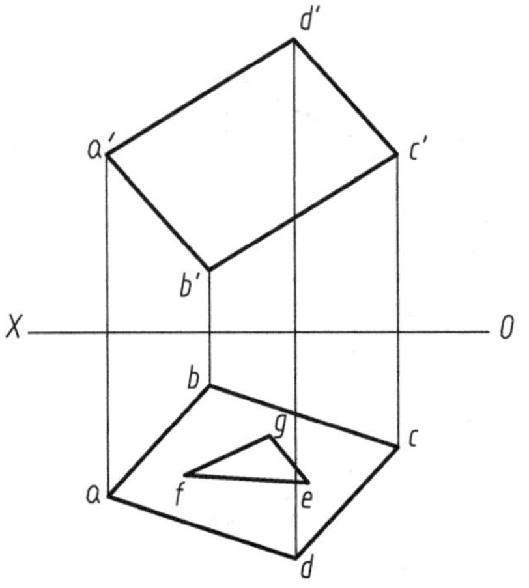

2-22 直线BD属于已知平面，求直线的另一投影。

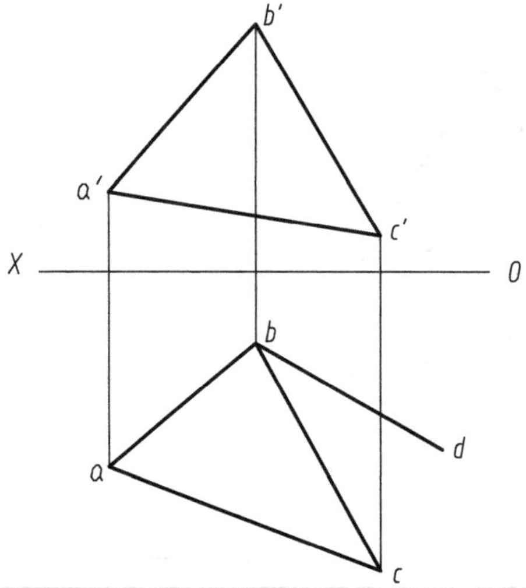

第 2 章 正投影基础

2-23 试判断直线EF是否平行于△ABC平面。

(1)
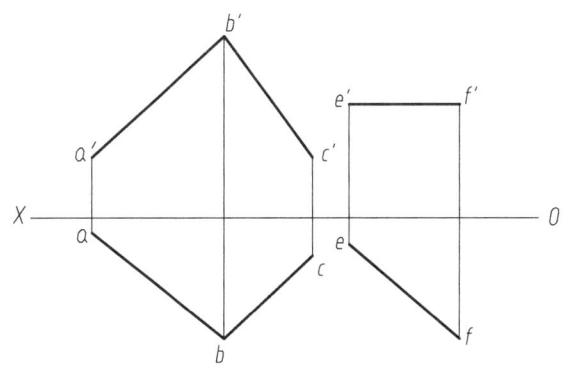
答：_____

(2)
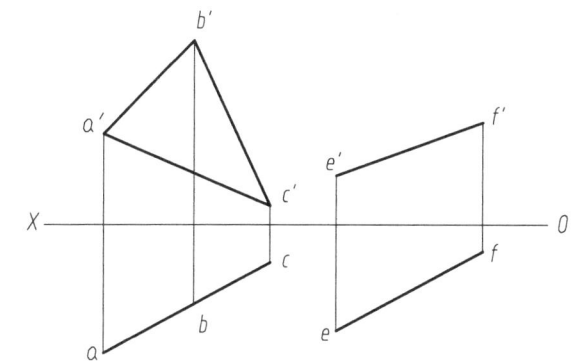
答：_____

2-24 作直线AB与圆平面相交的交点，并表明可见性。
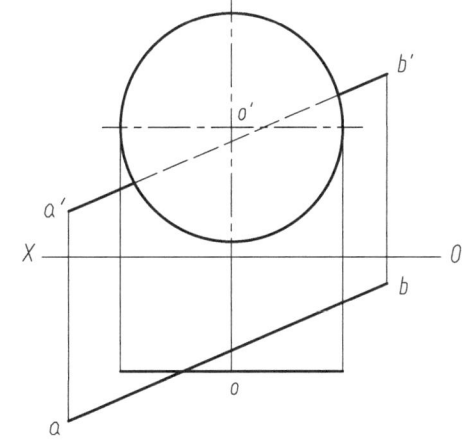

2-25 作直线AB与平面CDEF的交点，并表明可见性。
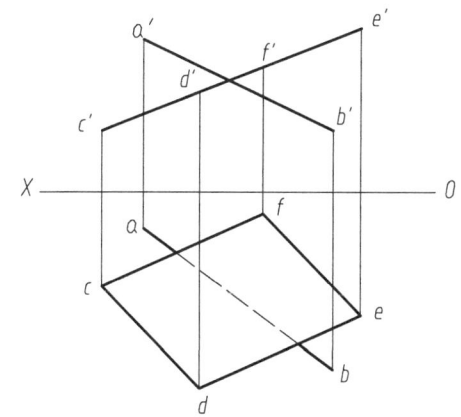

第 2 章 正投影基础

2-26 作直线与三角形平面的交点,并表明可见性。

(1)
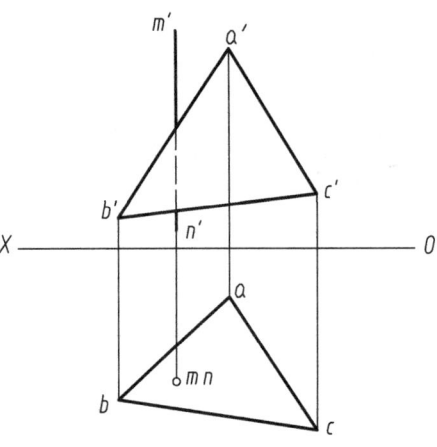

(2)
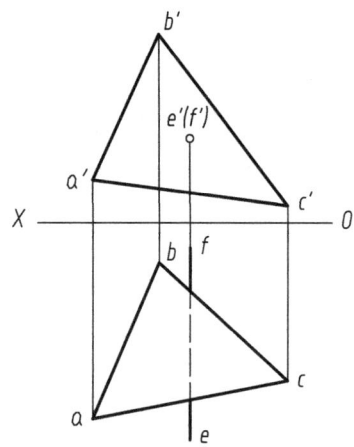

2-27 作三角形平面与矩形平面的交线,并表明可见性。

(1)
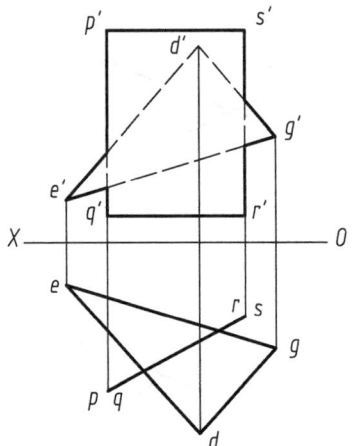

(2)
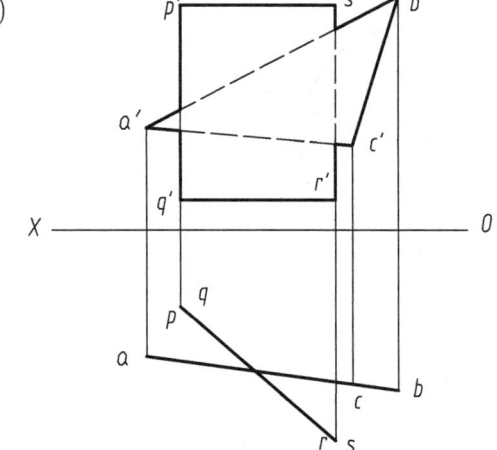

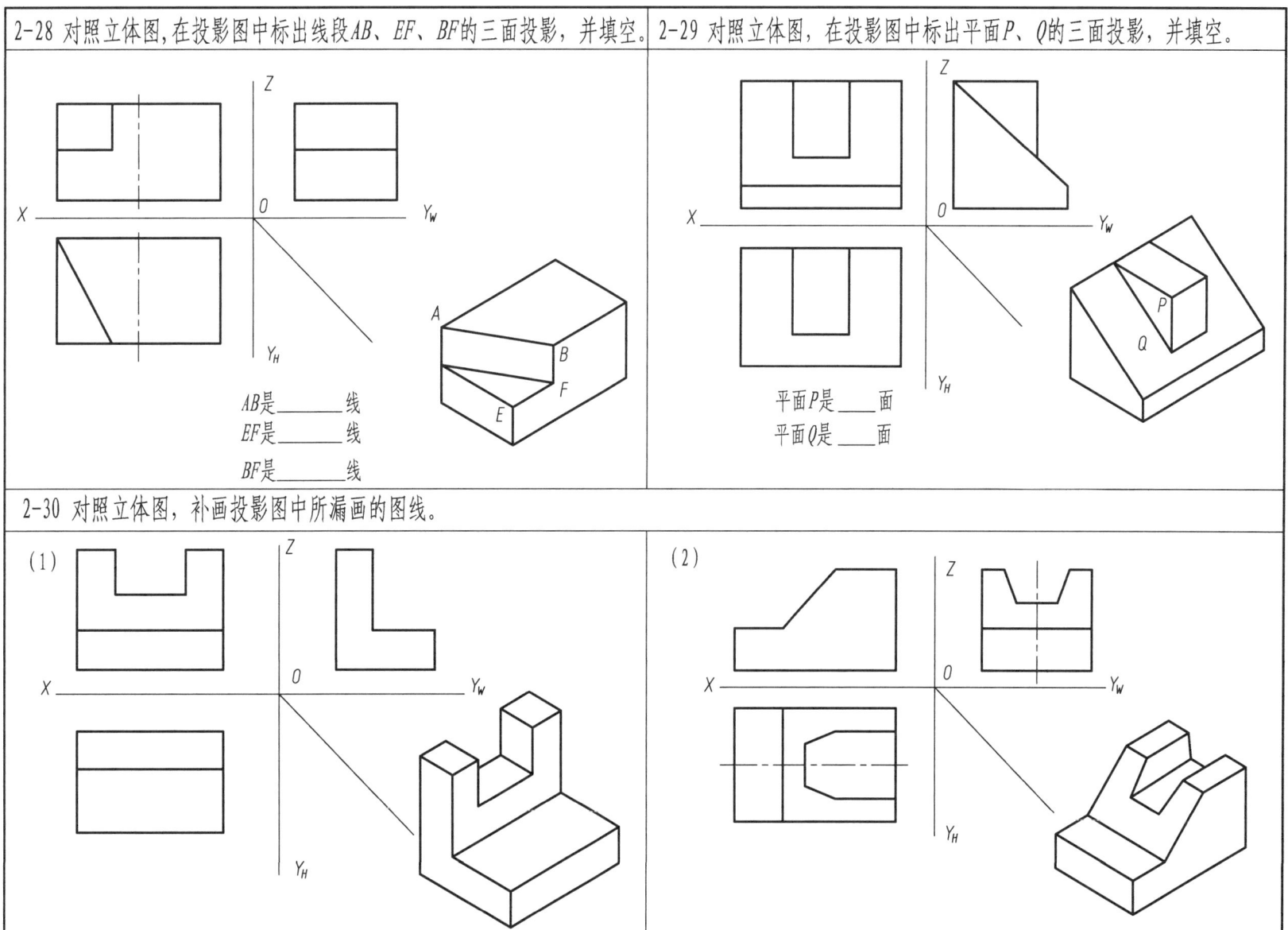

第3章 立体的投影

3-1 完成立体的三面投影并求立体表面上点的投影。

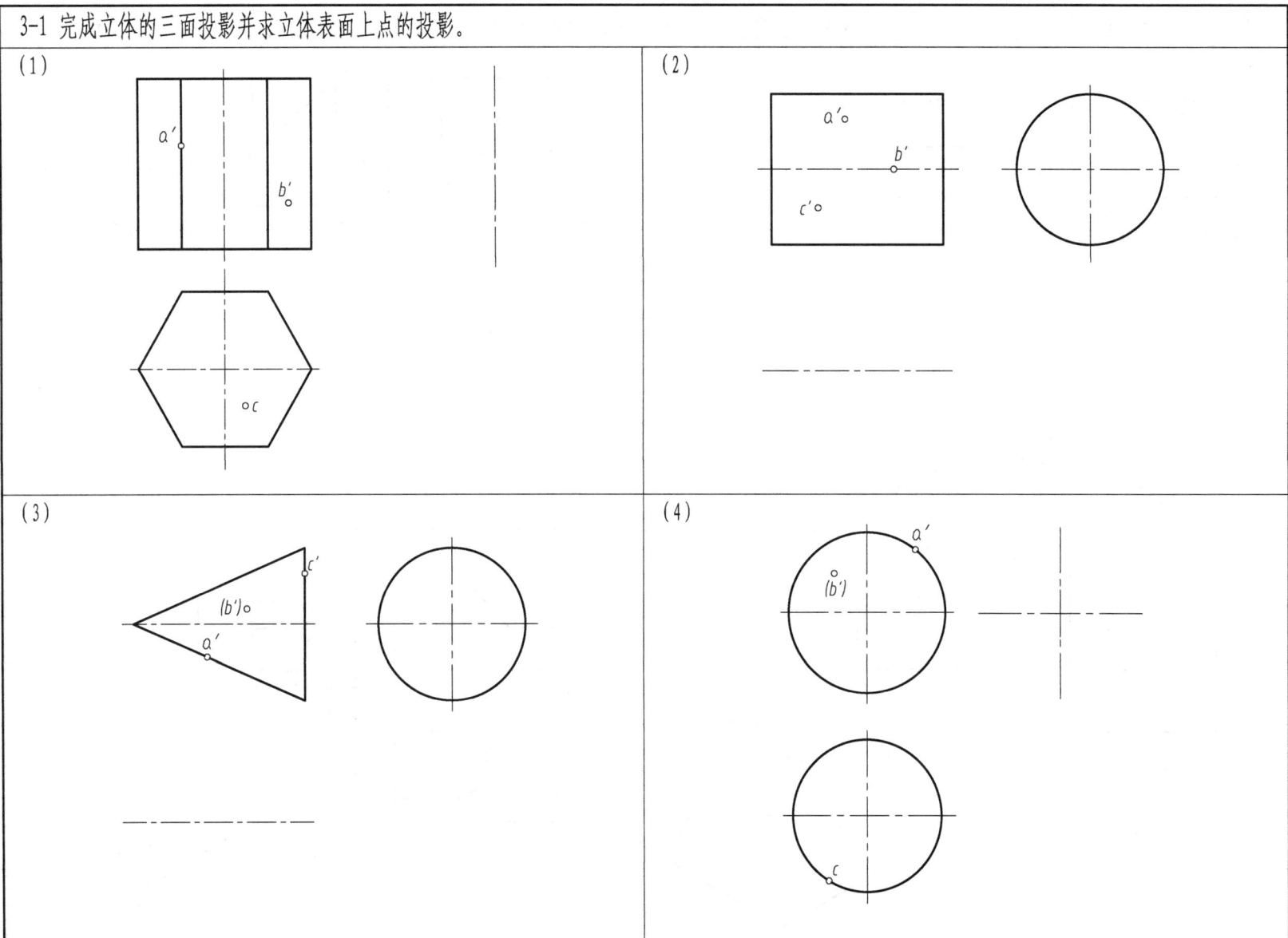

第3章 立体的投影   班级   学号   姓名

3-2 完成棱柱被截切后的三面投影。

(1)   (2)

3-3 完成棱锥被截切后的三面投影。

(1)   (2)

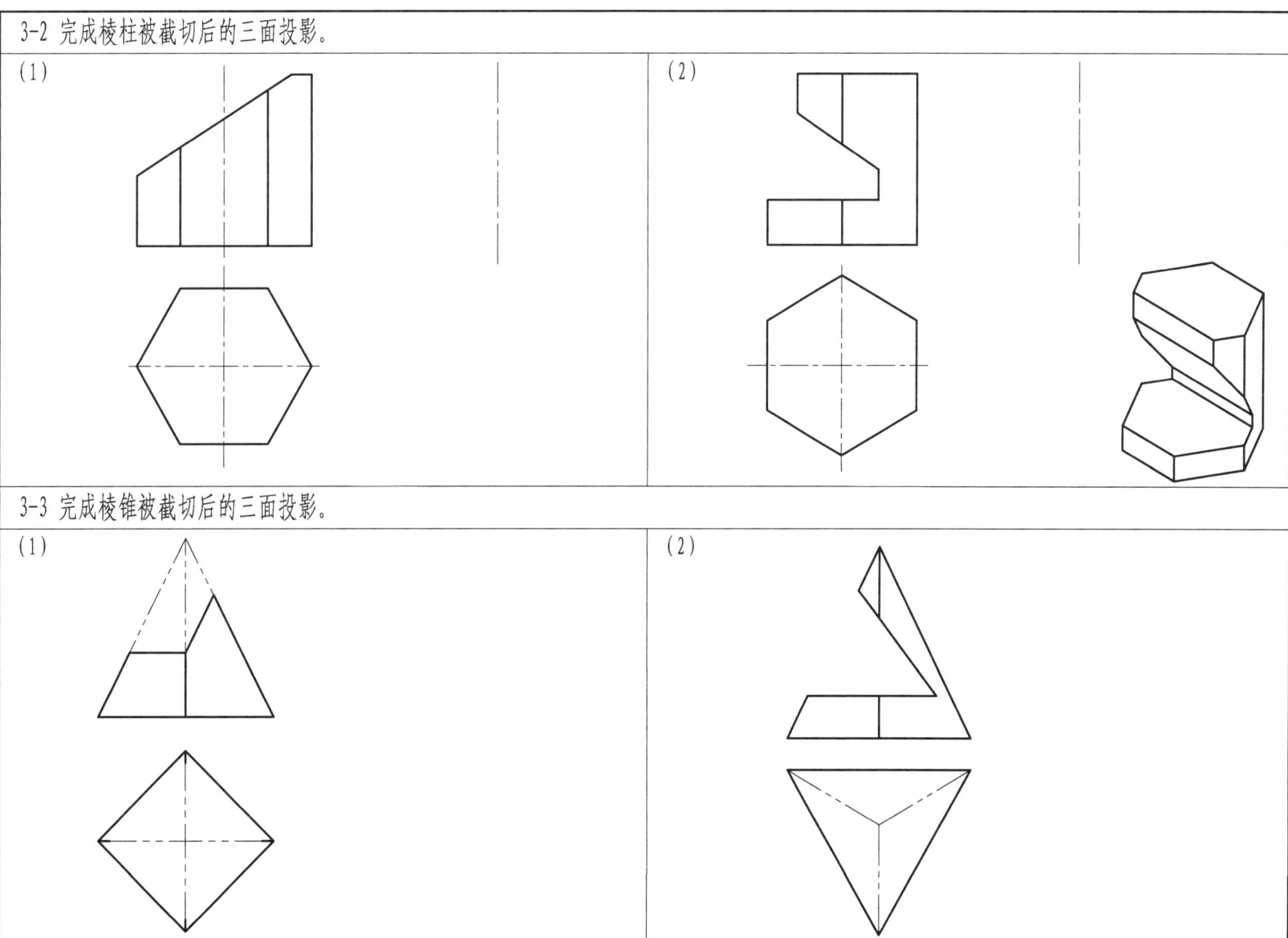

· 19 ·

第 3 章 立体的投影

3-4 完成圆柱被截切后的三面投影。

(1)

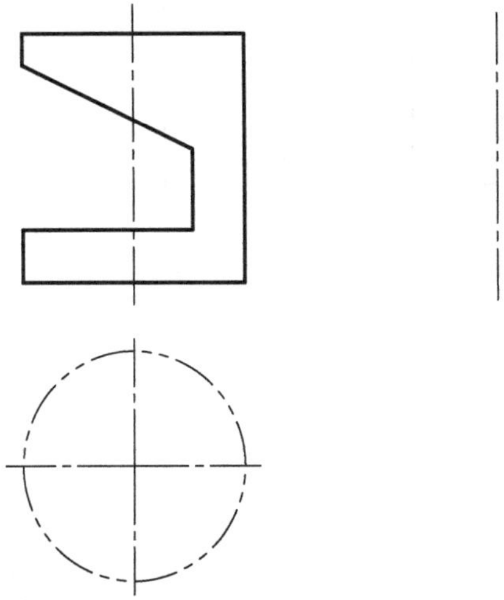

(2)

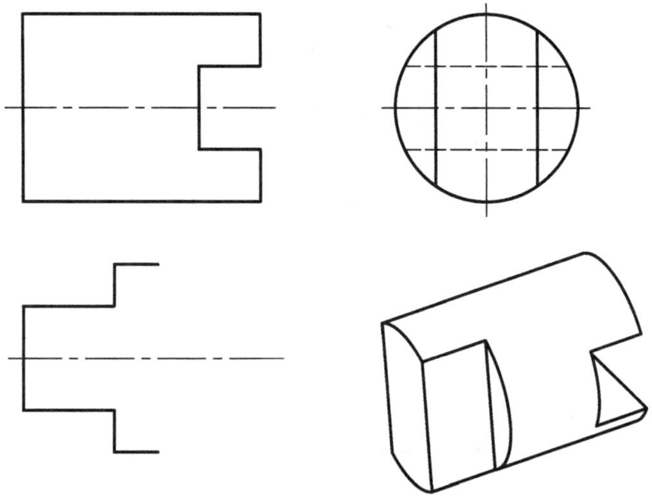

(3)

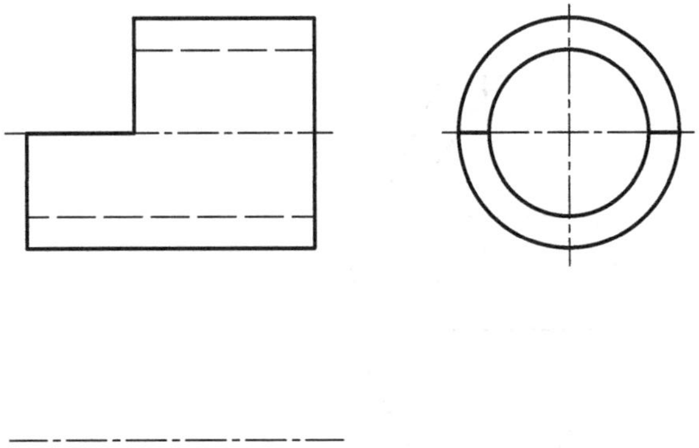

(4)

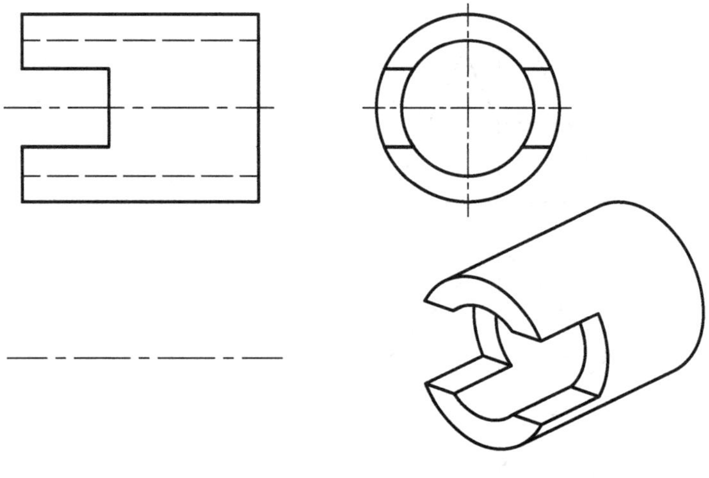

第3章 立体的投影   班级   学号   姓名

3-5 完成带切口圆锥的三面投影。

(1)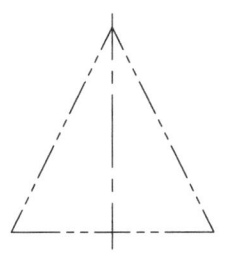

(2)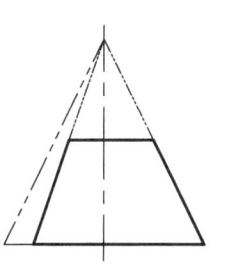

(3)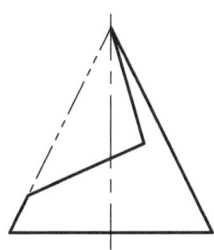

(4)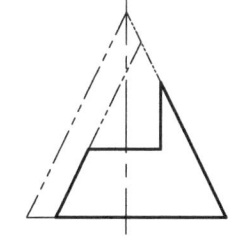

第 3 章 立体的投影

3-6 完成带切口圆球的三面投影。

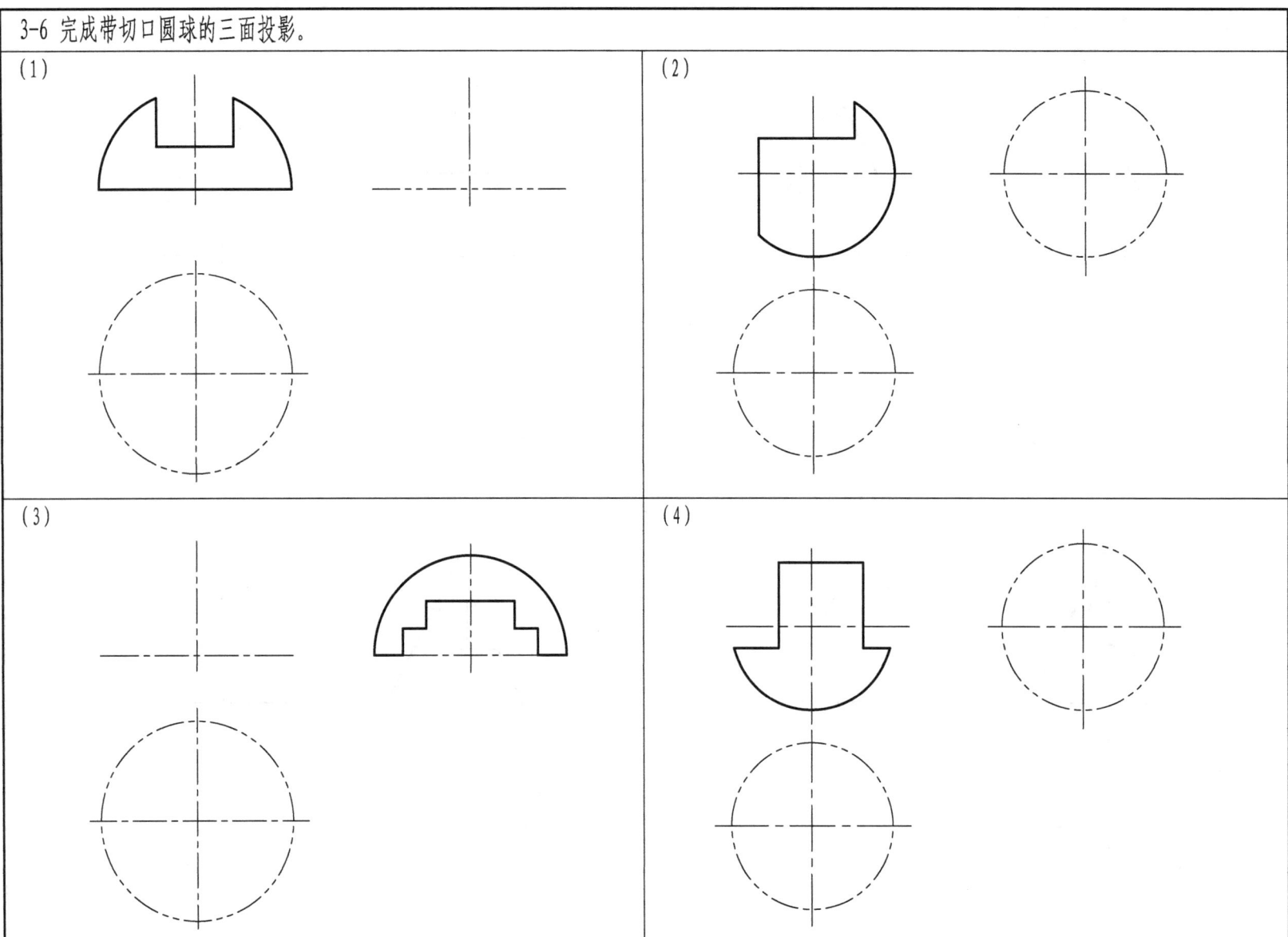

第 3 章 立体的投影

3-7 求作相贯线，并完成立体的三面投影。

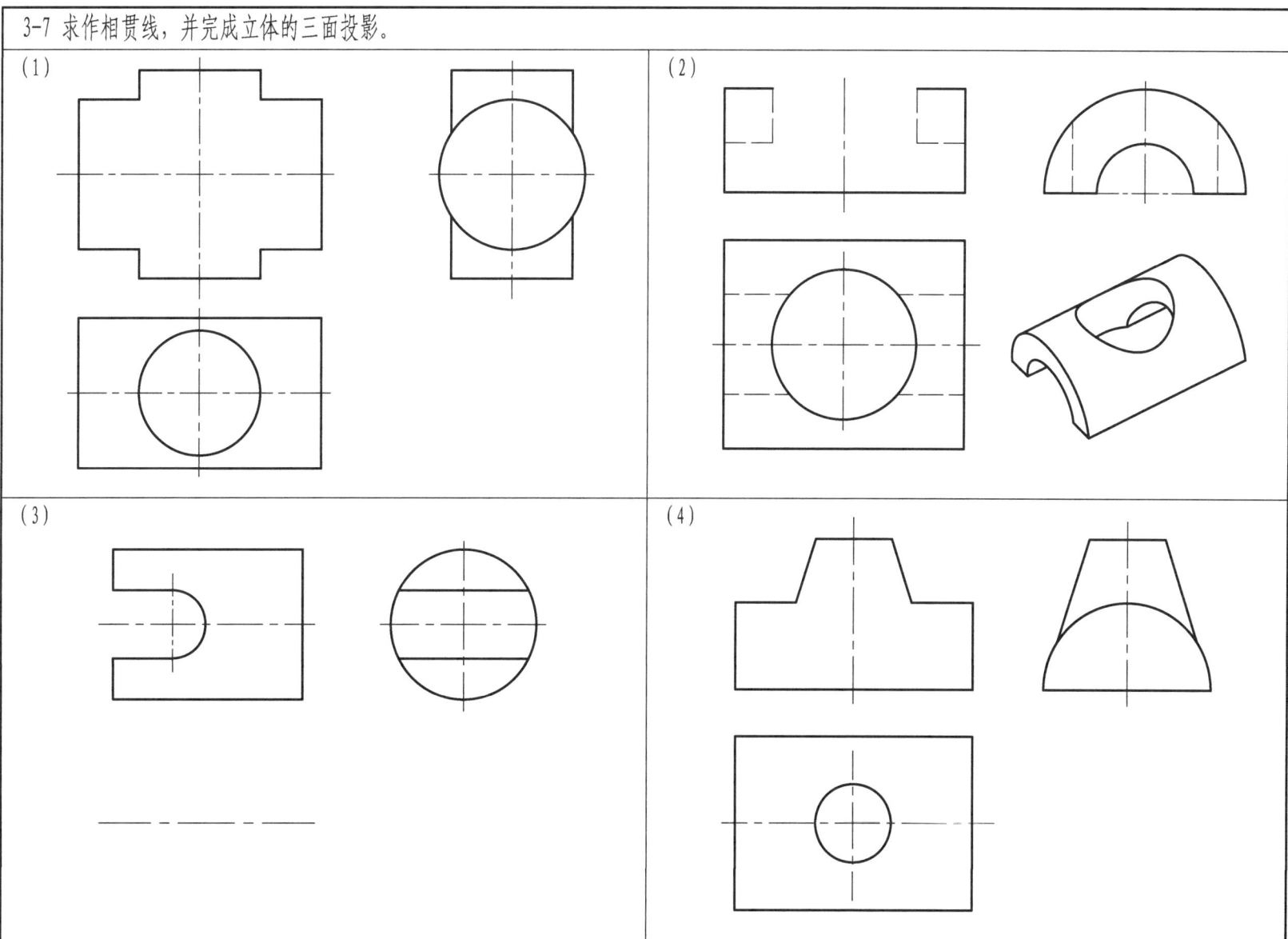

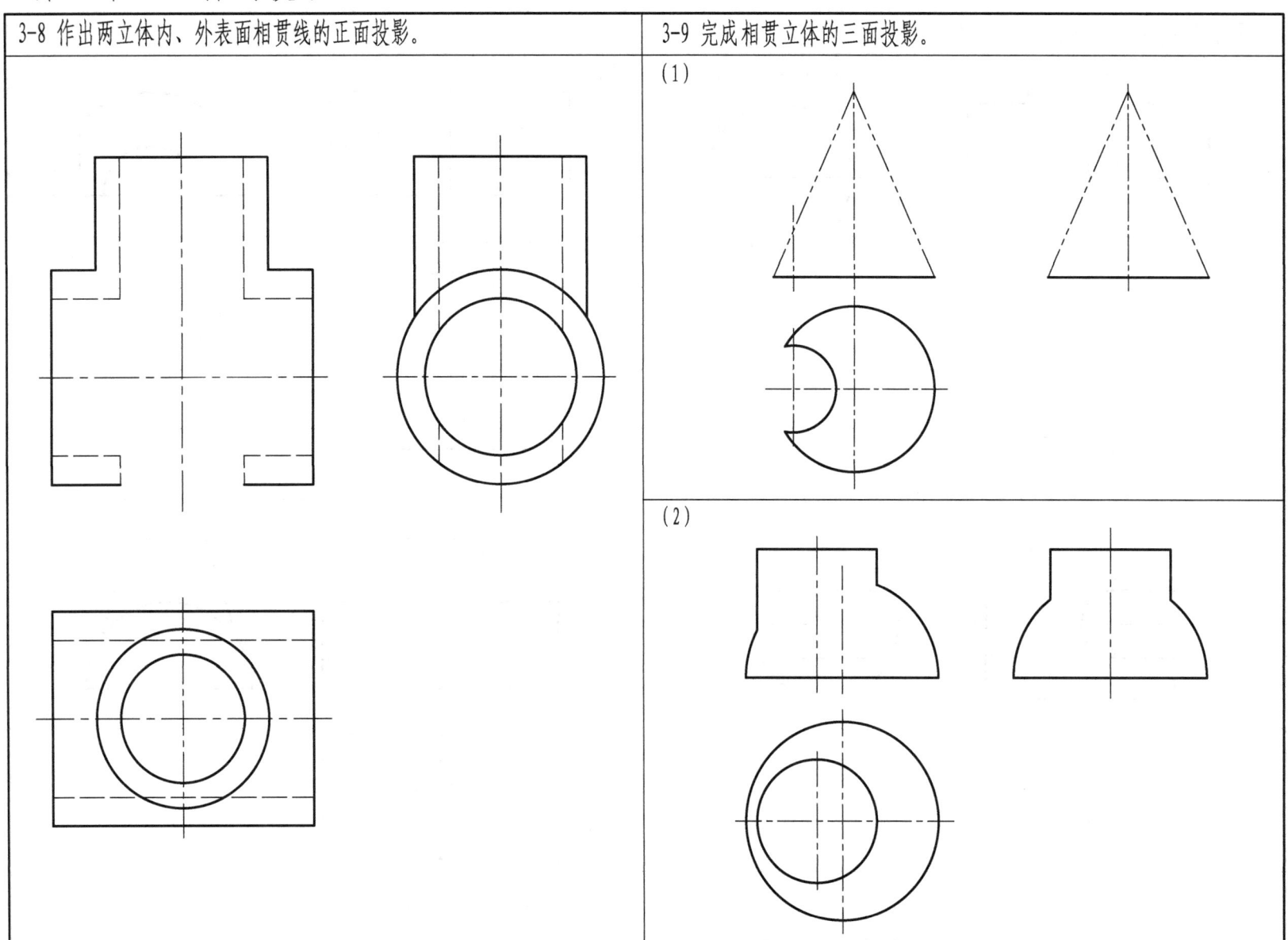

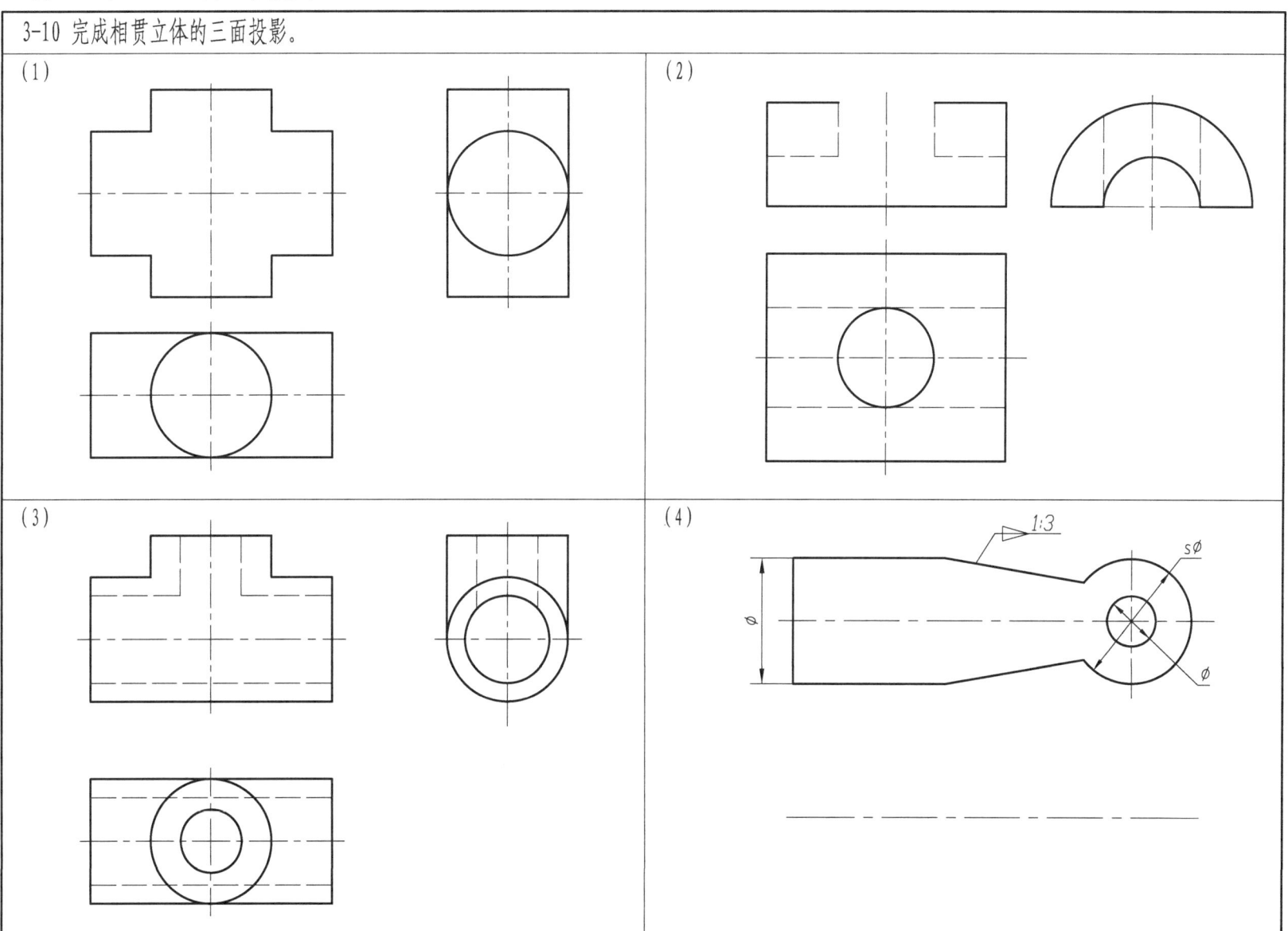

第 4 章 组合体视图

班级　　　学号　　　姓名

4-1 根据所给组合体的两个视图，补画第三视图（组合体可视为由特征轮廓拉伸而成）。

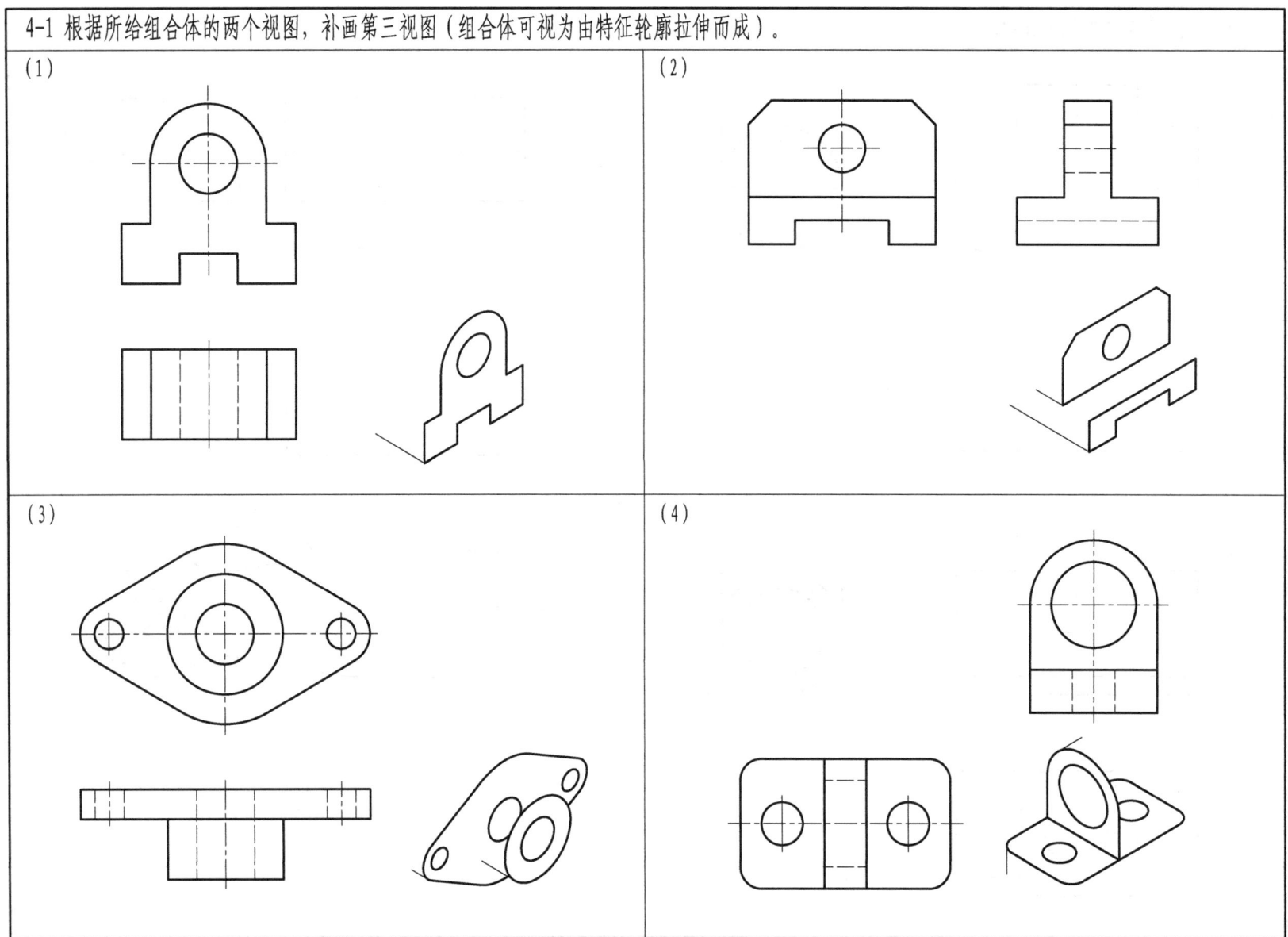

第4章 组合体视图

班级　　　　学号　　　　姓名

4-2 根据立体图及所注尺寸，按1:1比例画出组合体的三面视图。

(1)

(2)

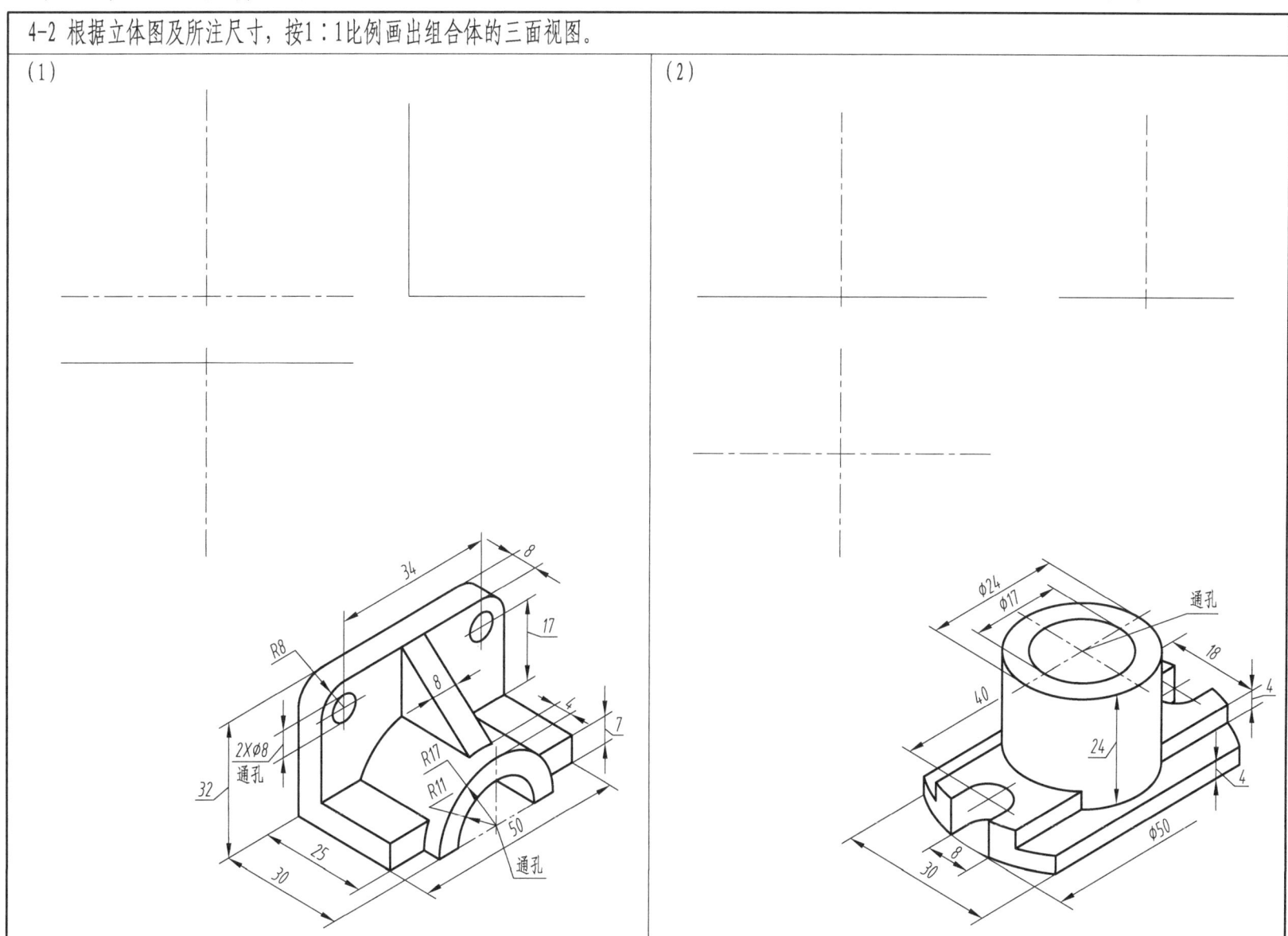

第4章 组合体视图

班级　　　学号　　　姓名

4-3 标注组合体的尺寸(数值按1:1从图中量取,并取整数)。

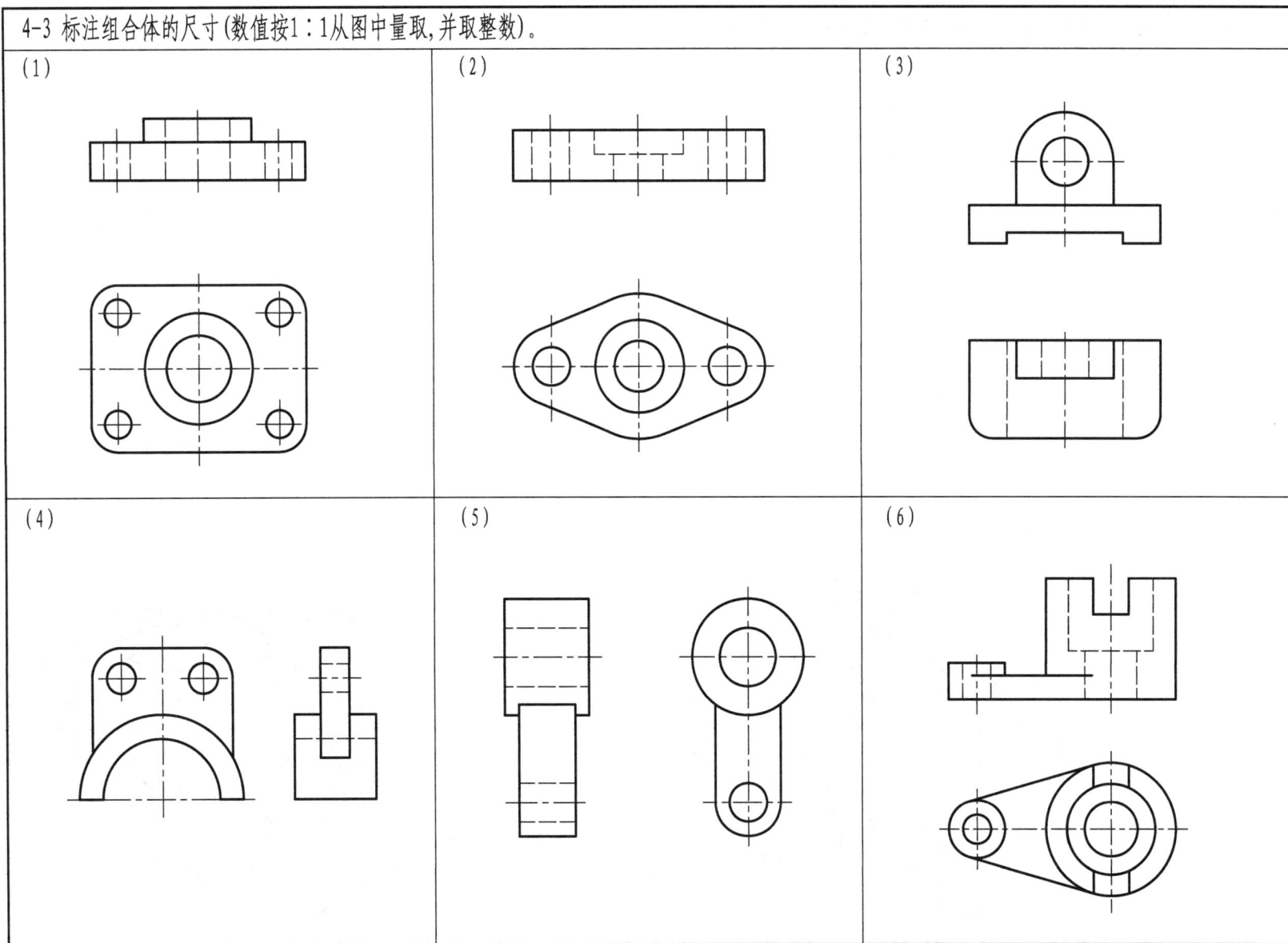

第4章 组合体视图

4-4 根据立体图了解组合体的结构，补画第三个视图。

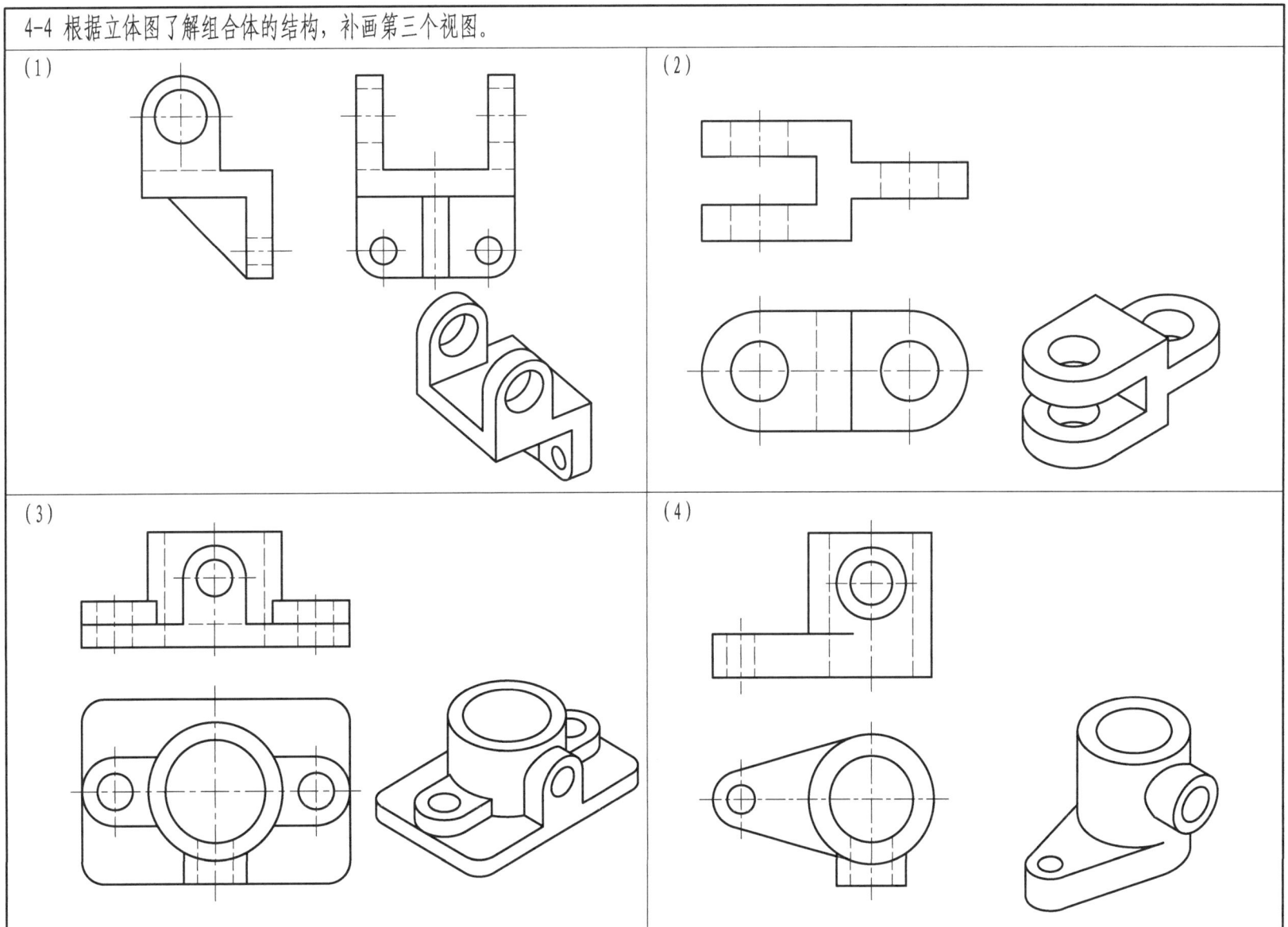

第4章 组合体视图

4-5 根据所给组合体的两个视图，补画第三视图。

(1)

(2)

(3)

(4)

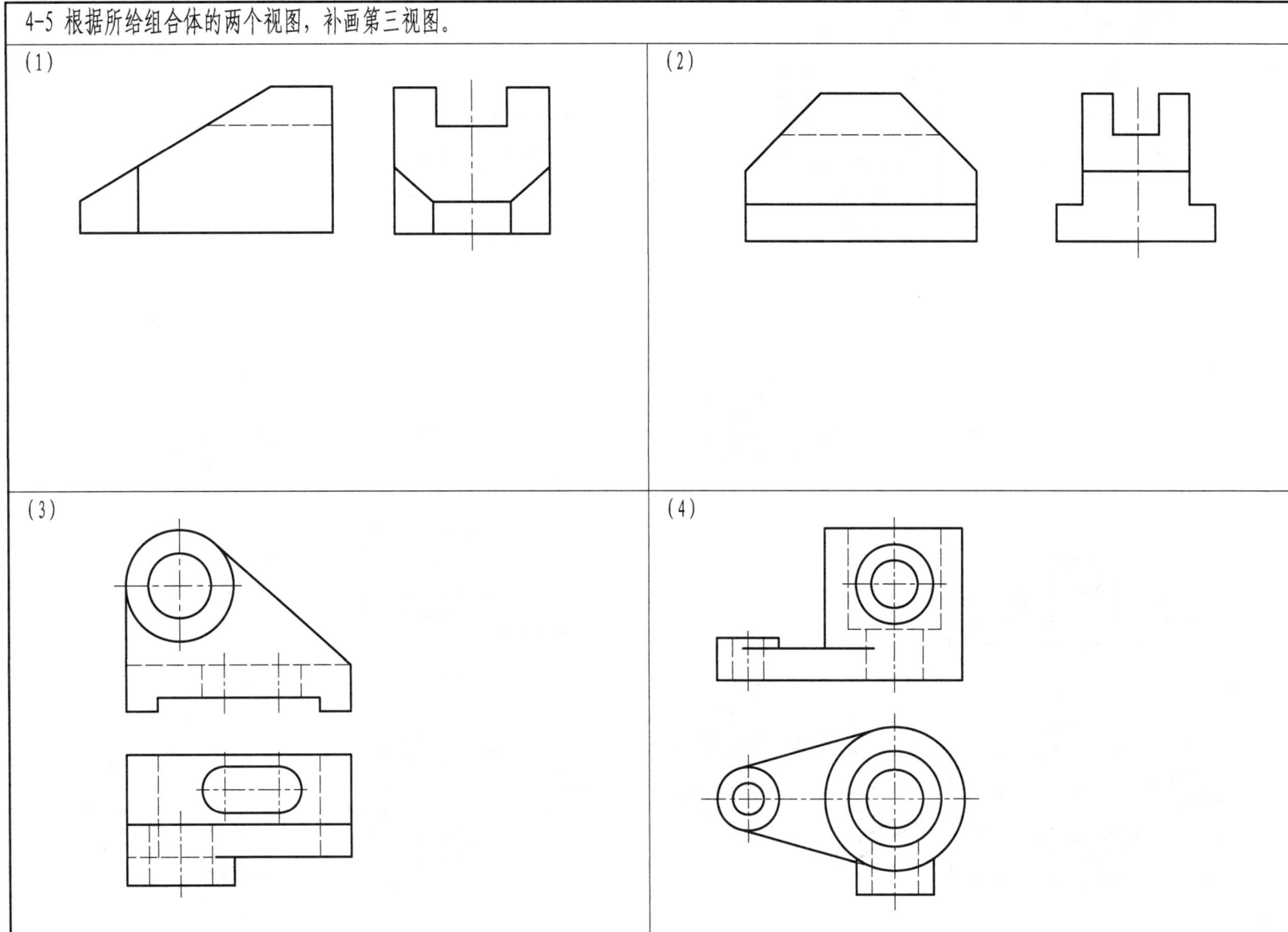

第4章 组合体视图

4-6 根据所给组合体的两个视图，补画第三视图。

(1) (2) (3) (4)

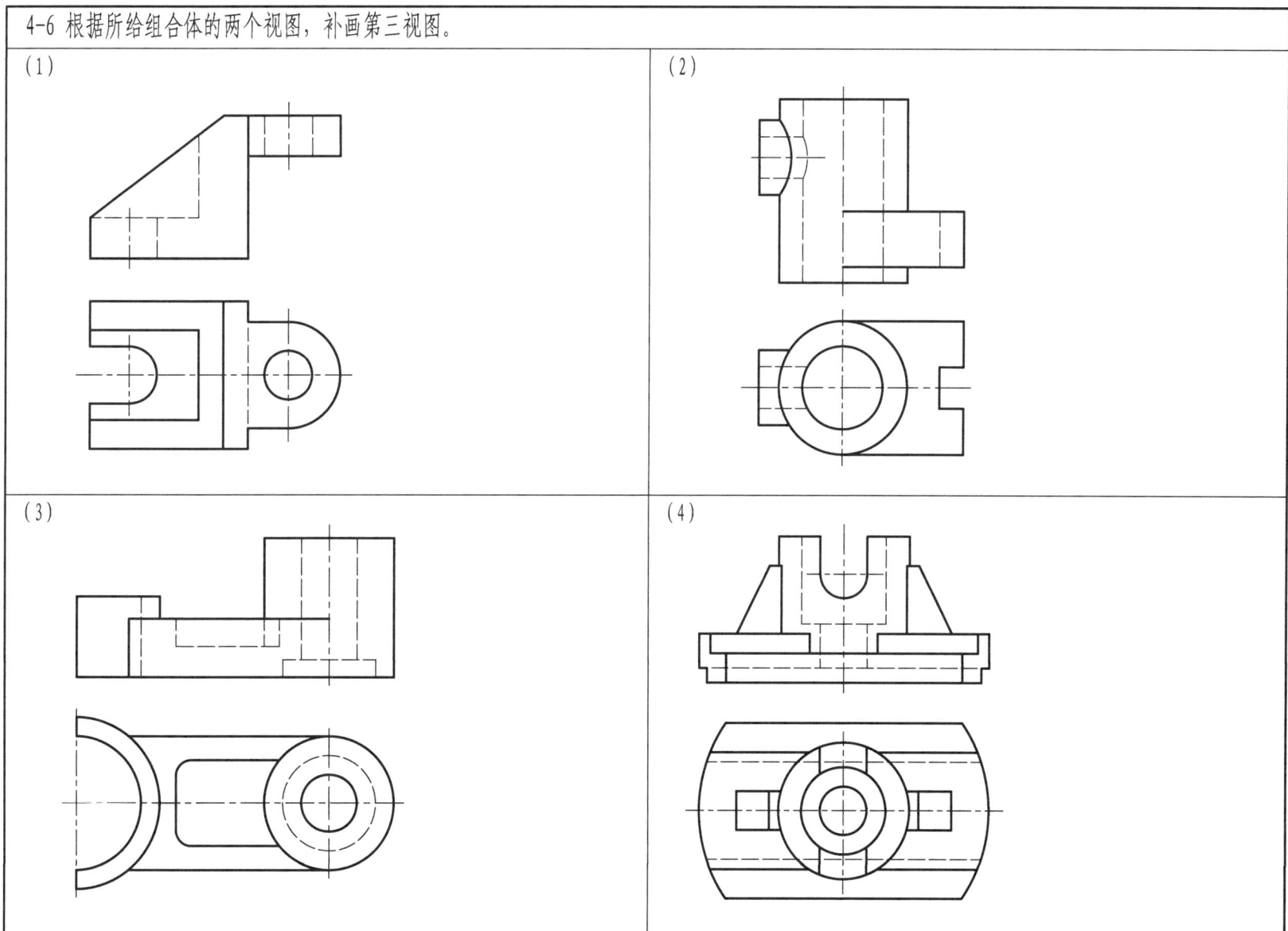

第4章 组合体视图

4-7 根据所给组合体的两个视图,补画第三视图。

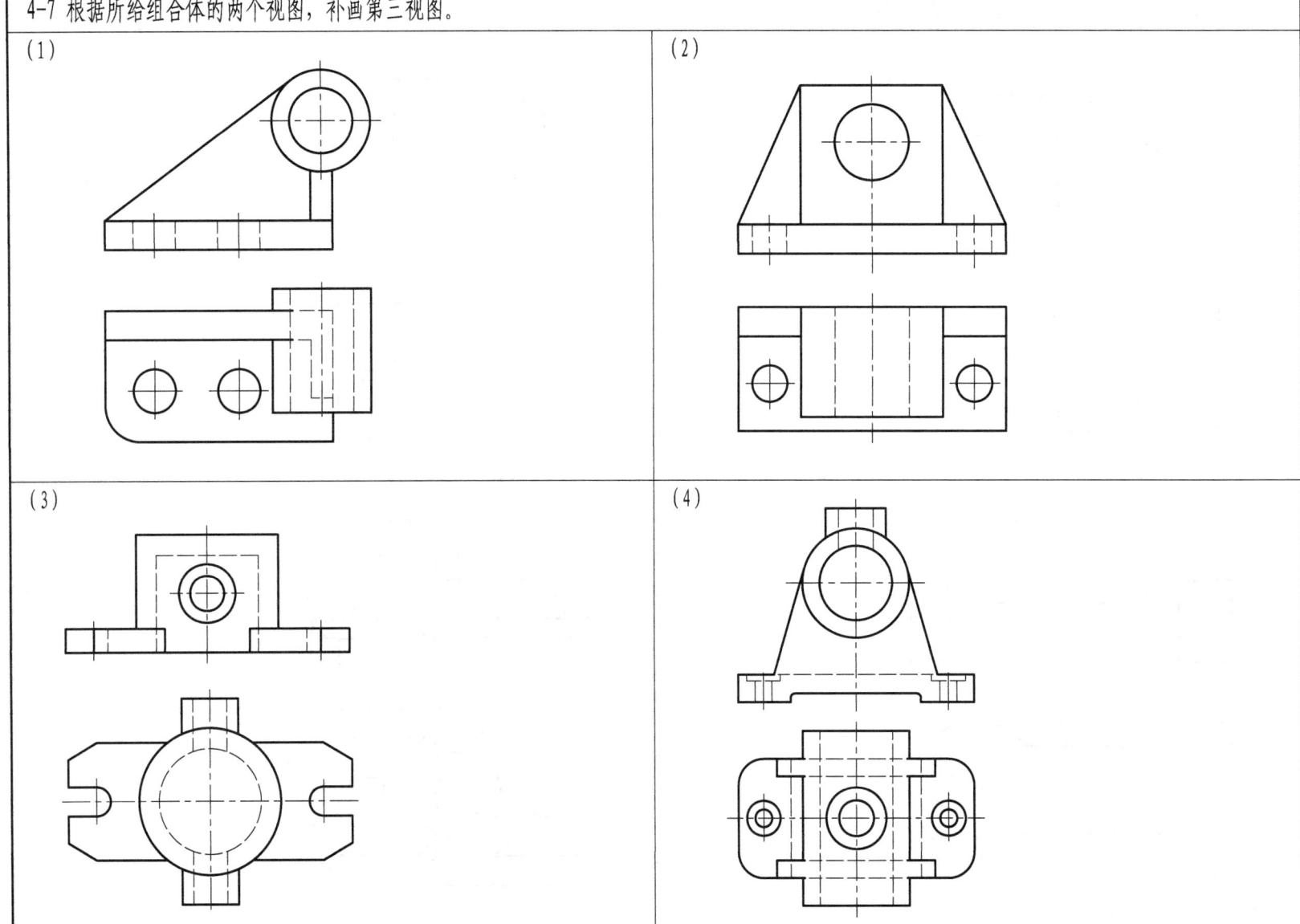

第4章 组合体视图

班级　　　　　学号　　　　　姓名

4-8 根据所给组合体的两个视图，补画第三视图，并标注尺寸(数值按1∶1从图中量取，并取整数)。

(1)

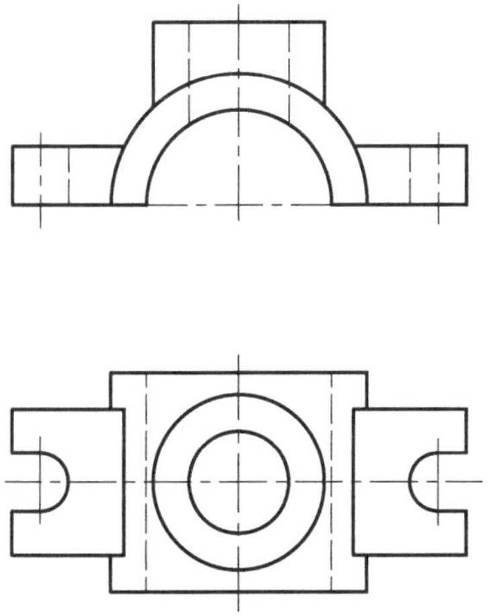

(2)

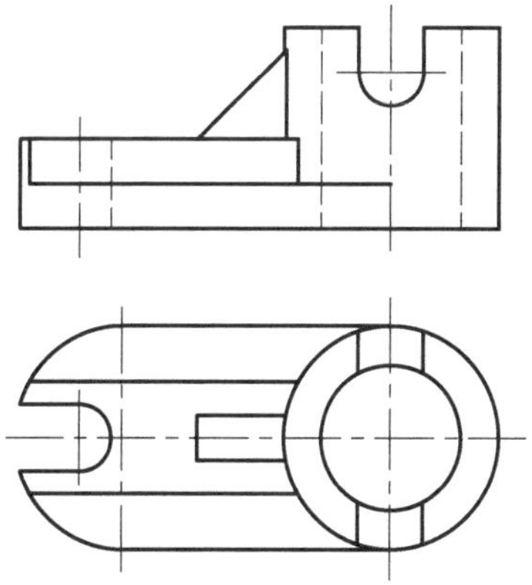

(3)

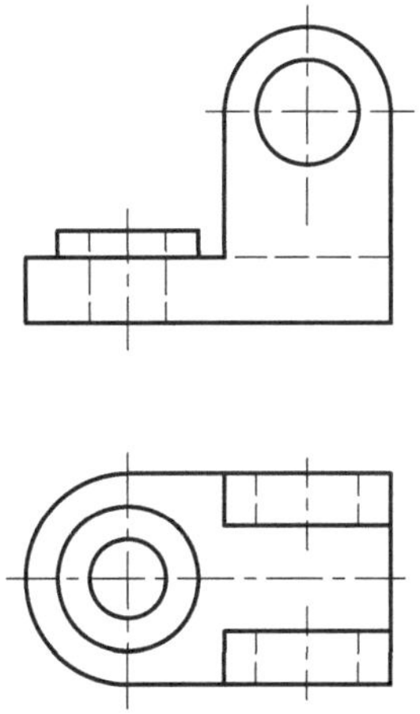

(4)

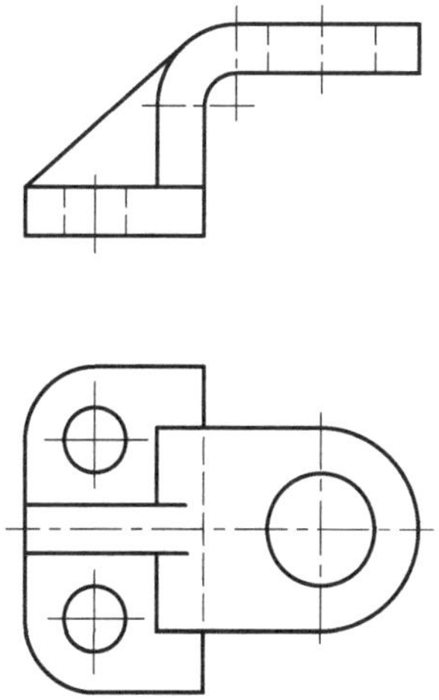

第4章 组合体视图

4-9 根据所给组合体的两个视图，补画第三视图。

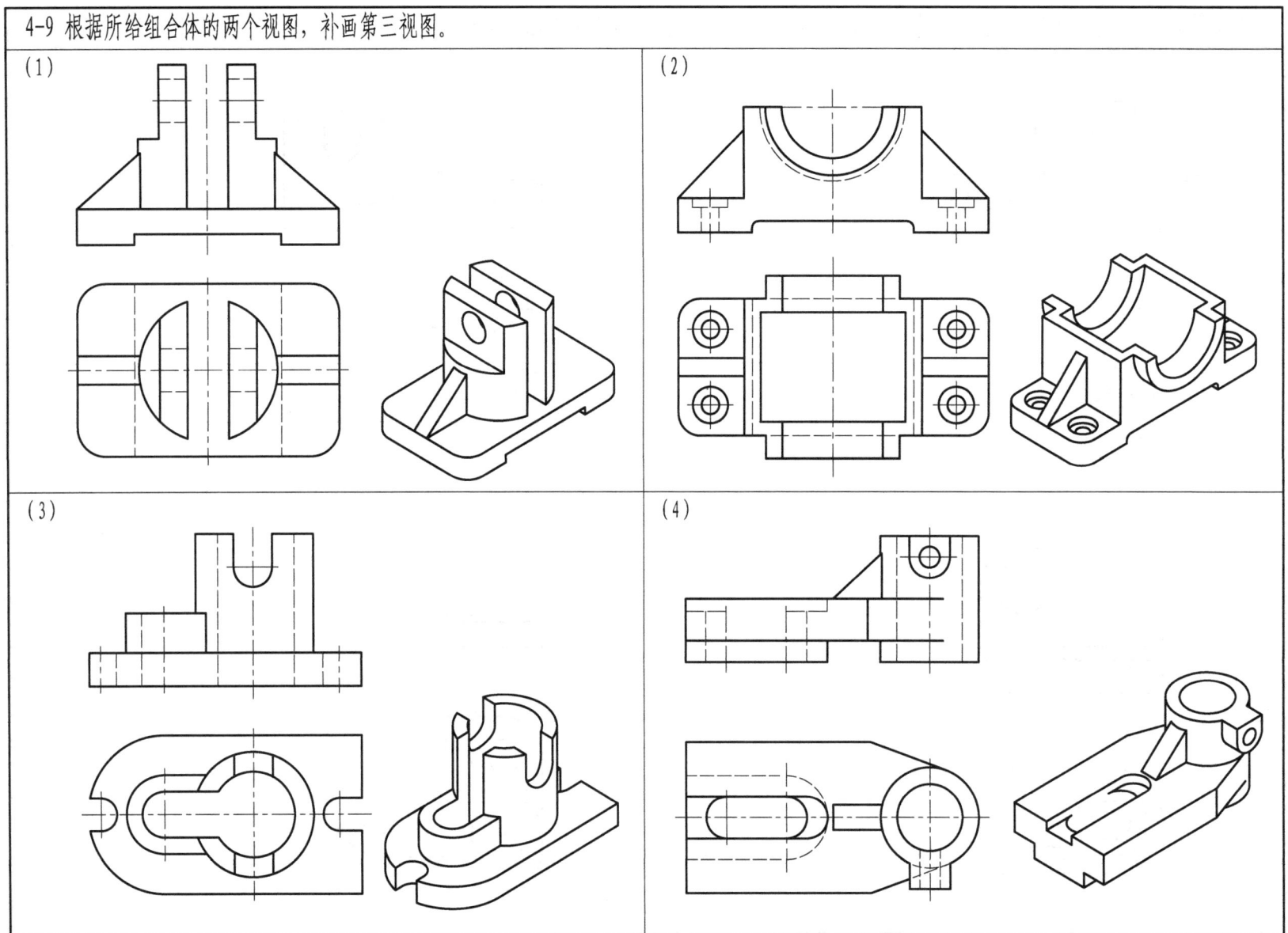

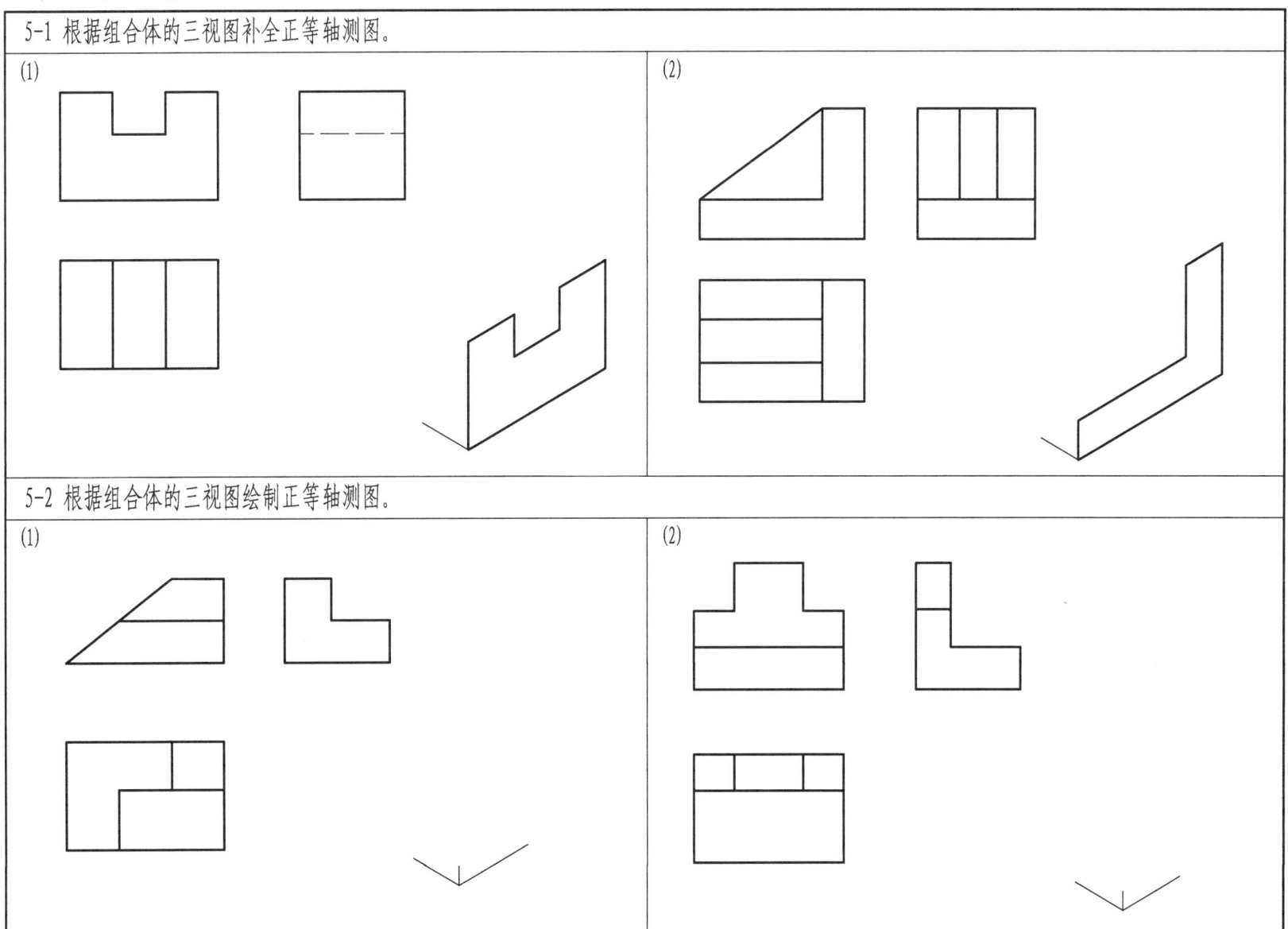

第 5 章 轴测图   班级　　　学号　　　姓名

5-3 根据已给的主、俯视图补画左视图,并绘制正等轴测图。

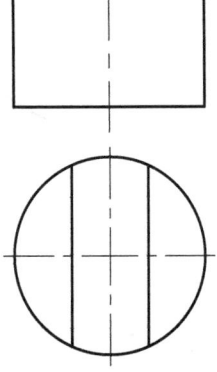

5-4 根据组合体视图补全斜二等轴测图。

(1)

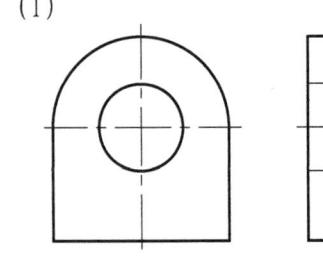

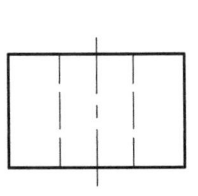
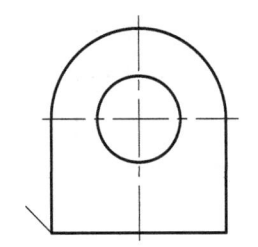

(2)

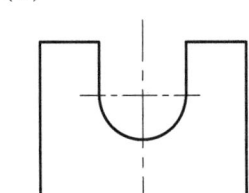

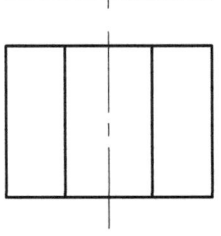
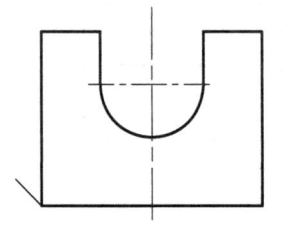

第5章 轴测图

班级　　　　学号　　　　姓名

5-5 根据组合体视图绘制斜二等轴测图。

(1)
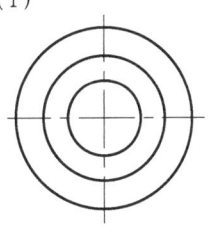

(2)
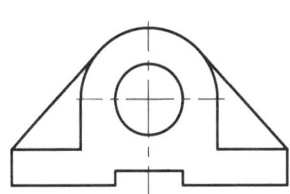

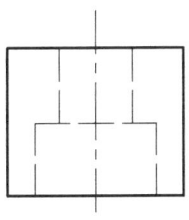

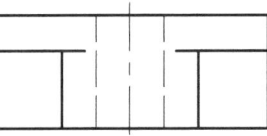

5-6 根据已给视图补画第三视图，并绘制正等轴测图，为轴测图标注尺寸。

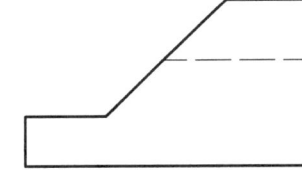 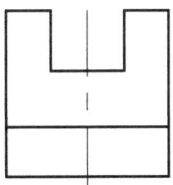

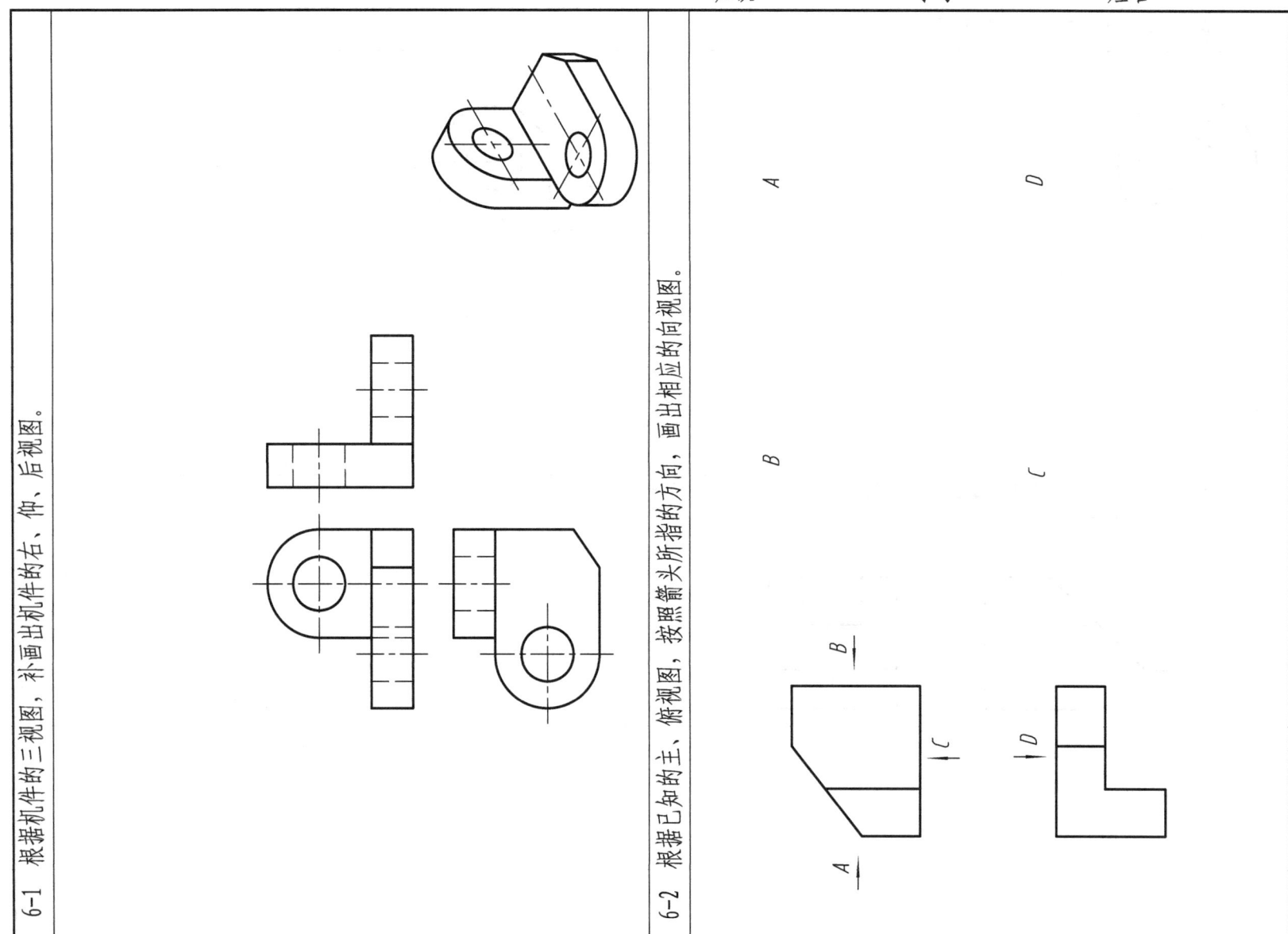

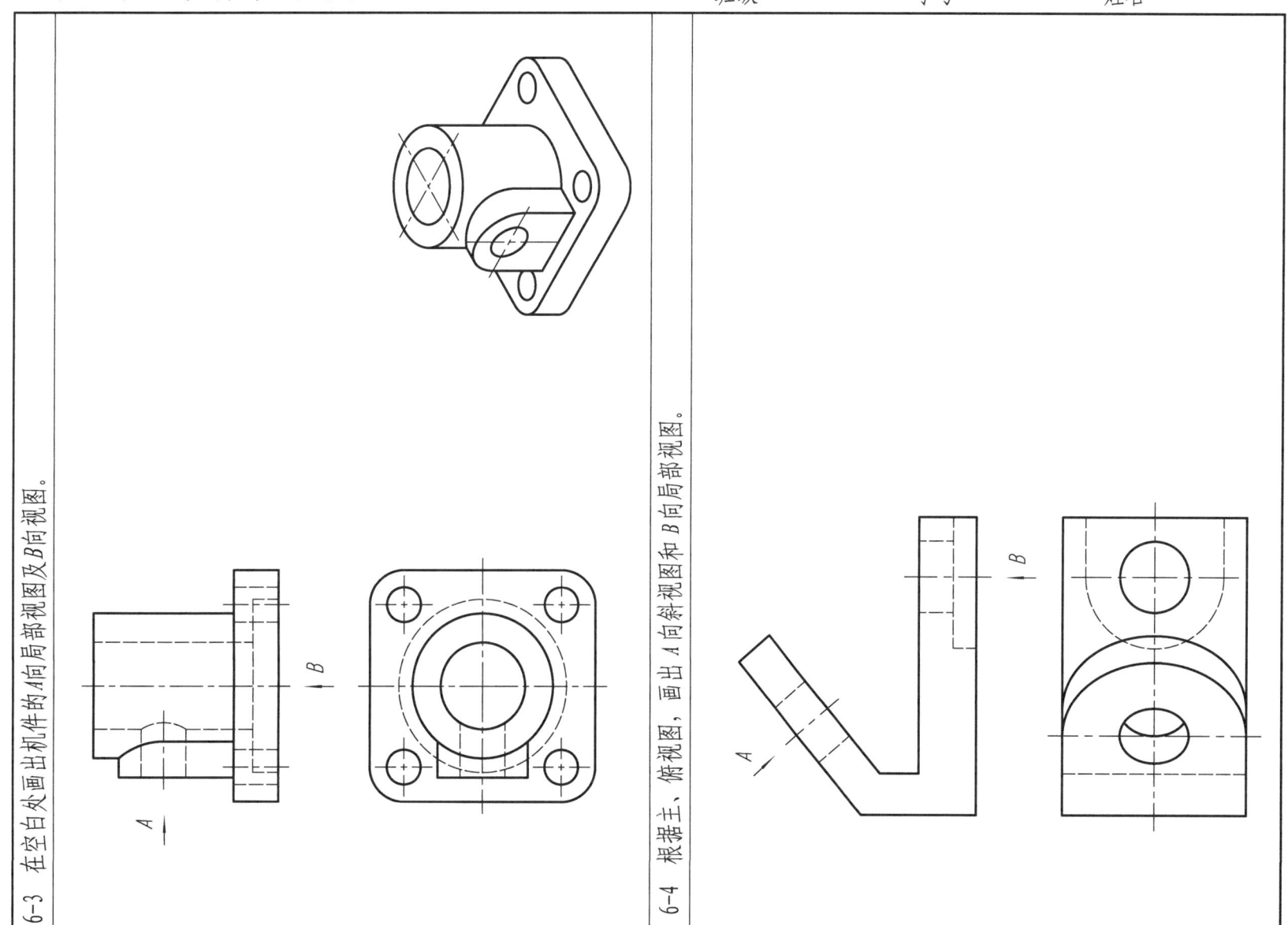

第6章 机件常用的表达方法

6-5 补全下列剖视图中的漏线。

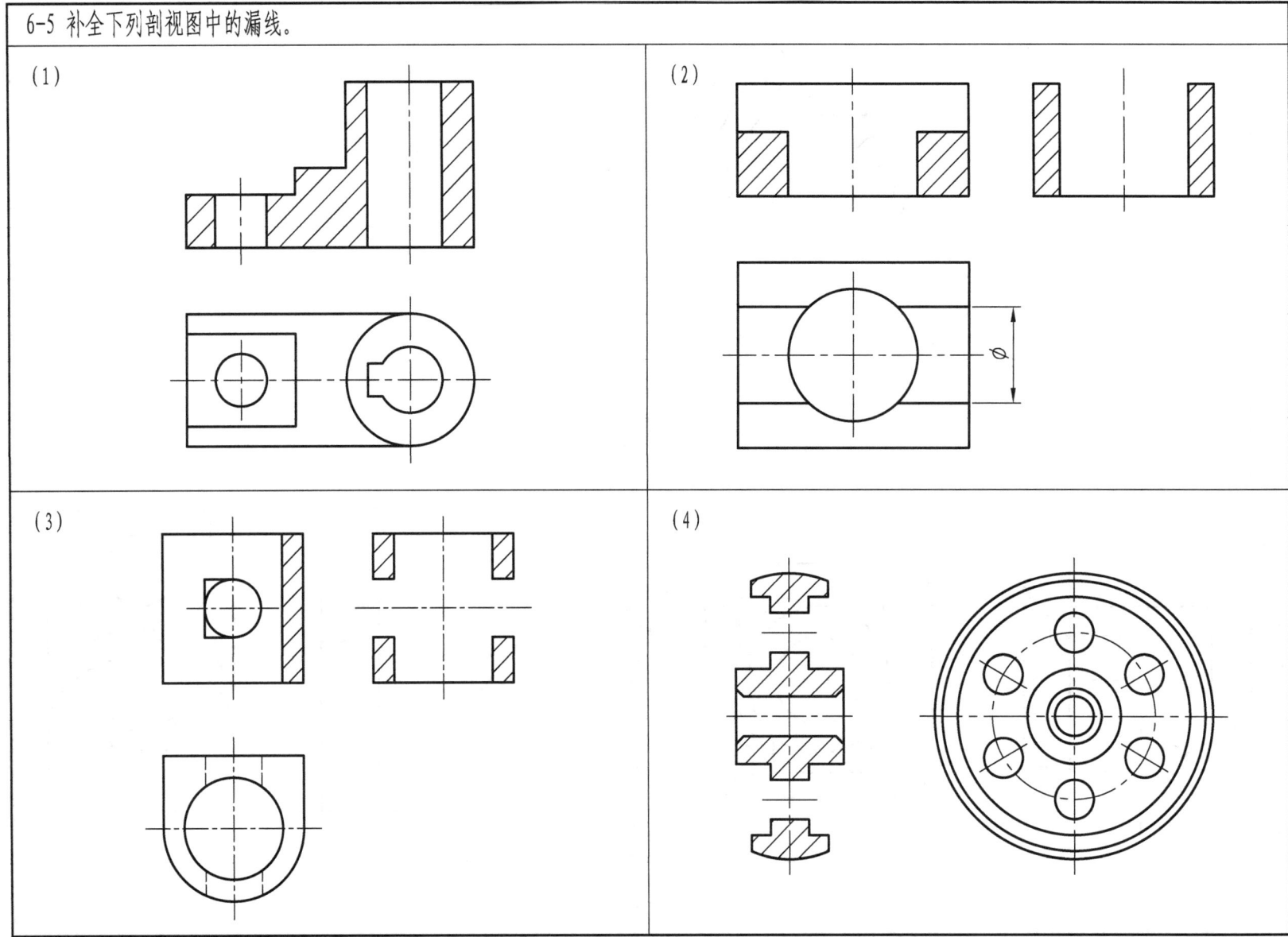

第6章 机件常用的表达方法

班级　　　学号　　　姓名

6-6 在指定位置上将主视图改画成全剖视图。

(1)

(2)

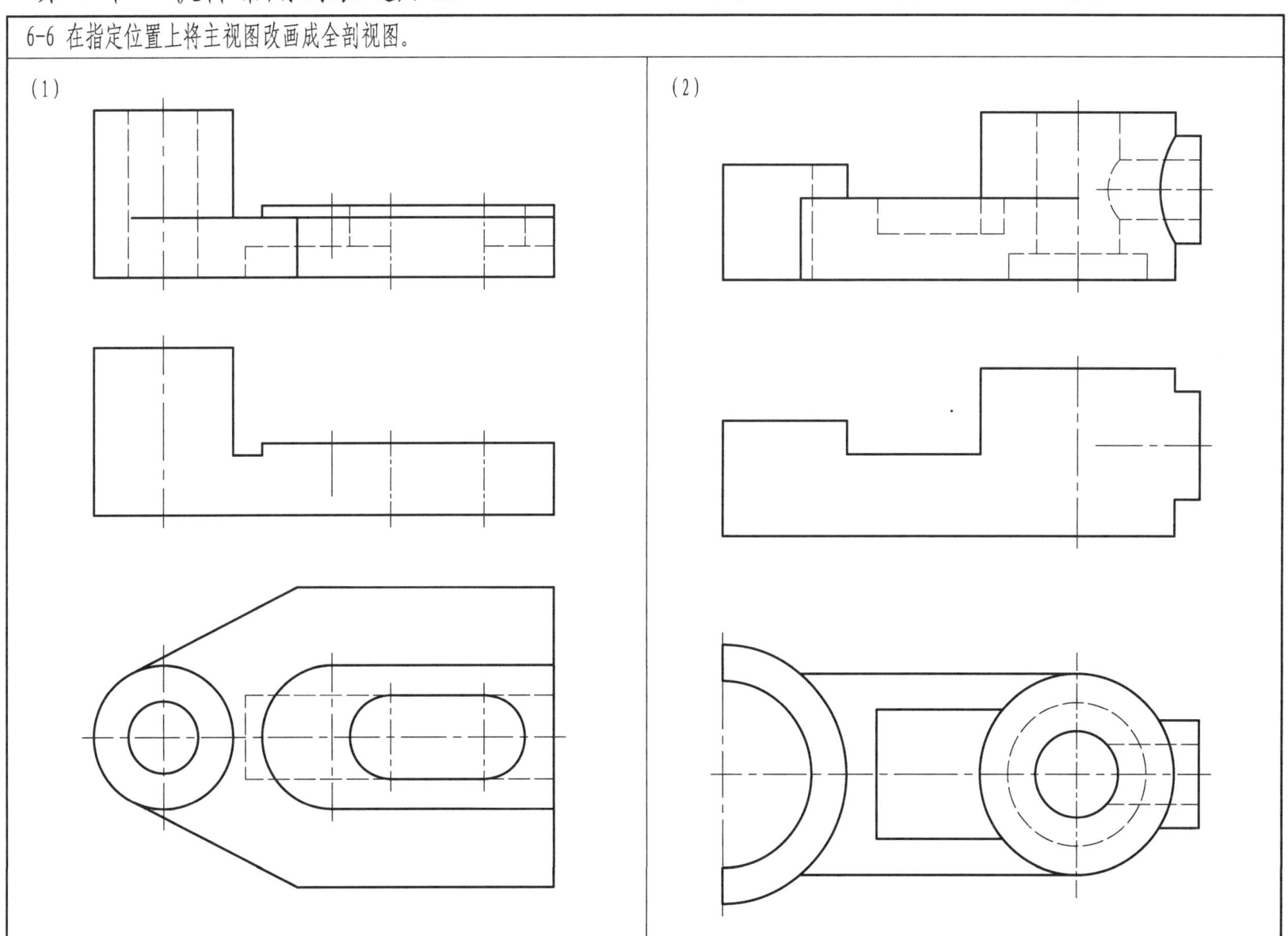

第6章 机件常用的表达方法

6-7 在指定位置上将(1)主视图、(2)俯视图改画成半剖视图。

(1)

(2)

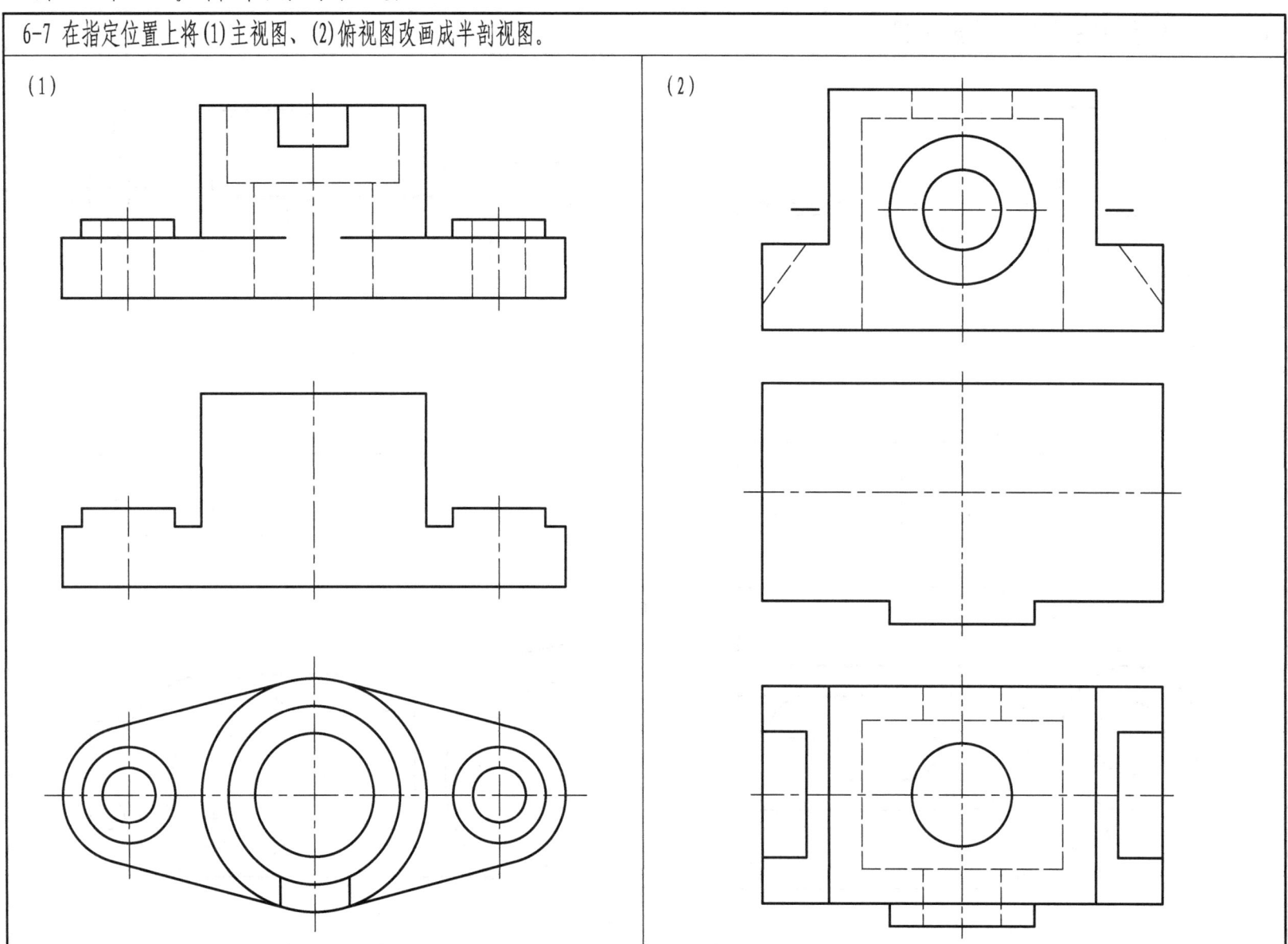

第6章 机件常用的表达方法

6-8 看懂右下角所给的机件,在指定位置上将该机件主、左视图画成合理的剖视图,并标注尺寸。

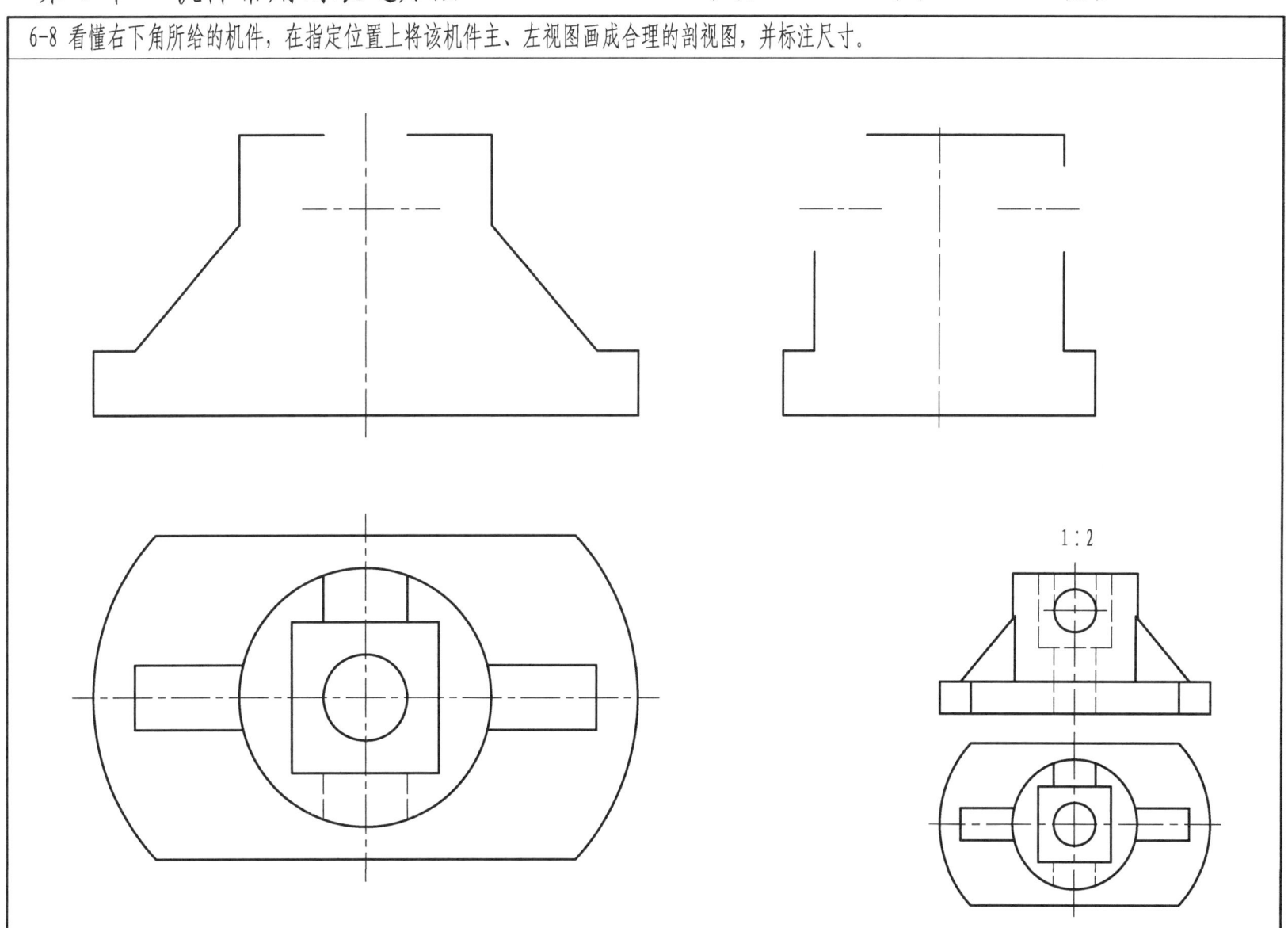

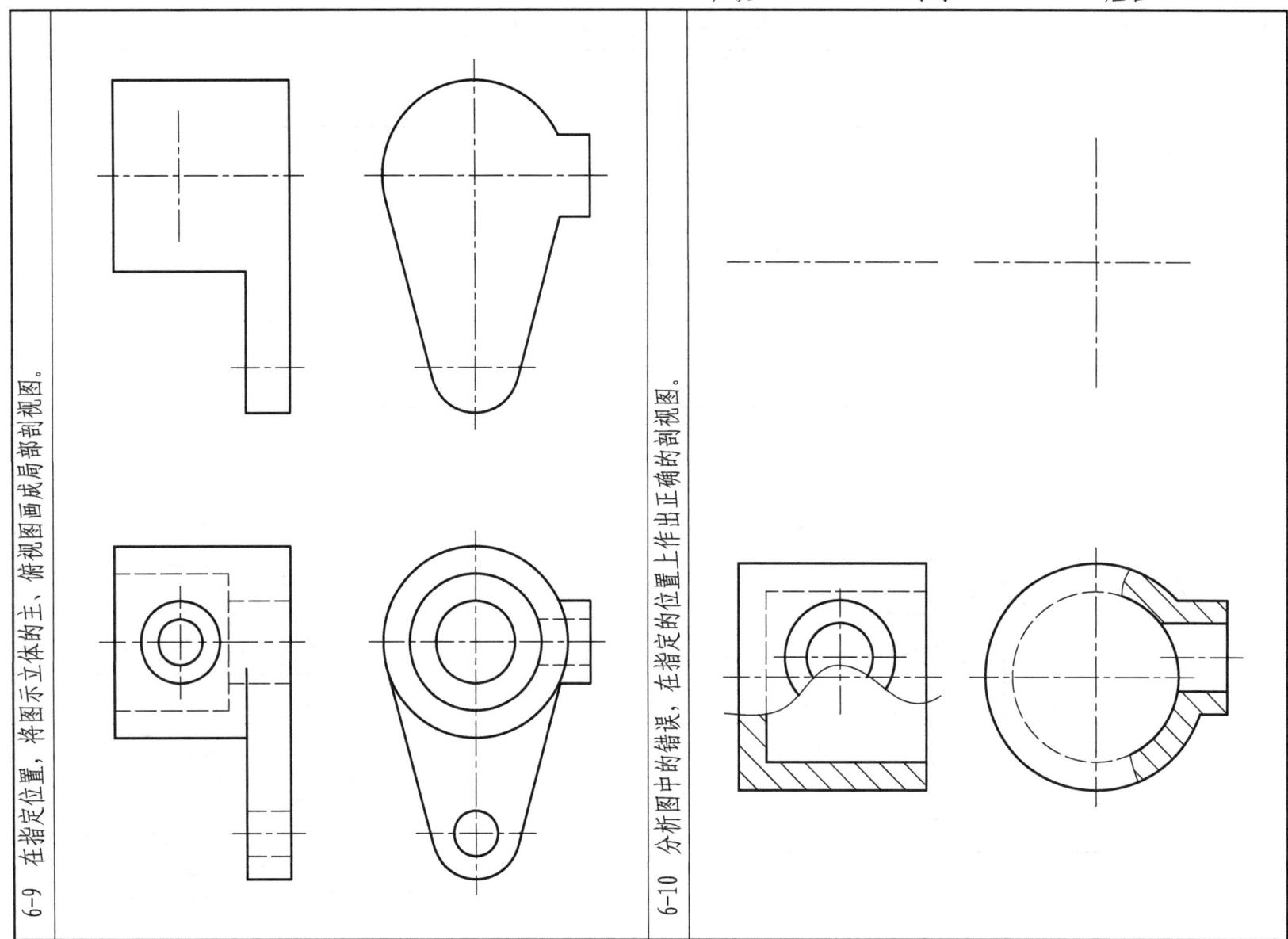

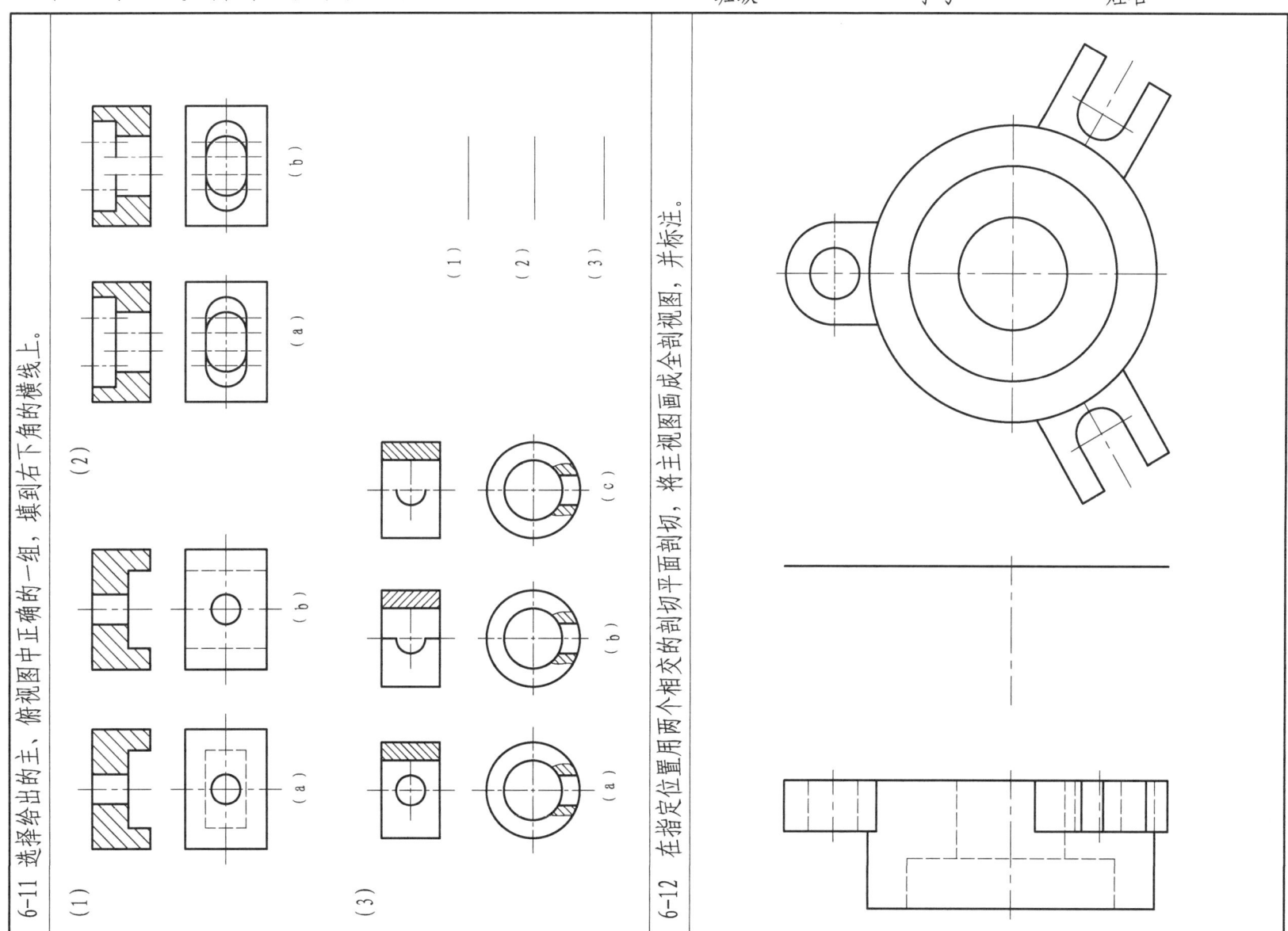

第6章 机件常用的表达方法

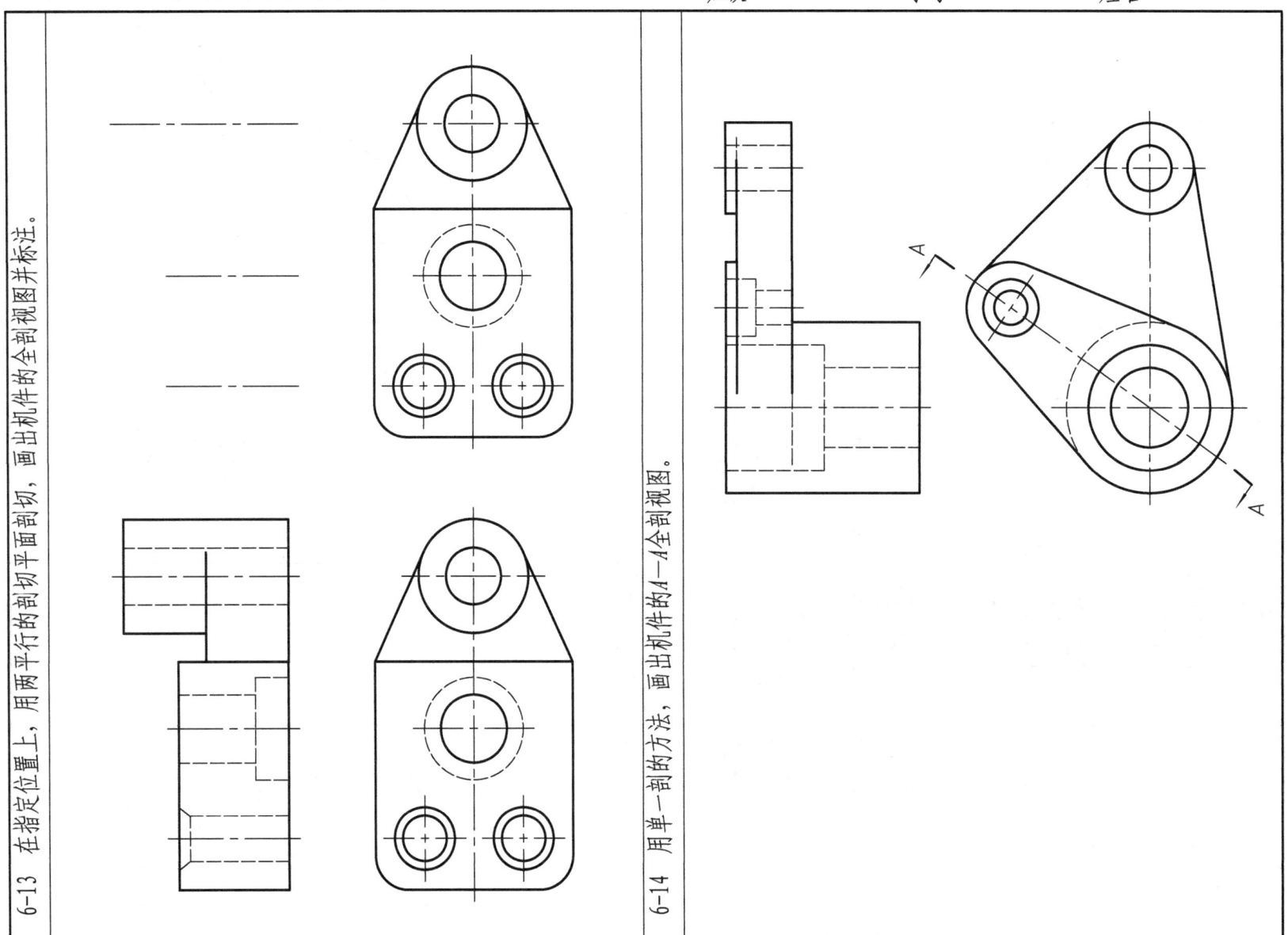

6-13 在指定位置上，用两平行的剖切平面剖切，画出机件的全剖视图并标注。

6-14 用单一剖的方法，画出机件的A—A全剖视图。

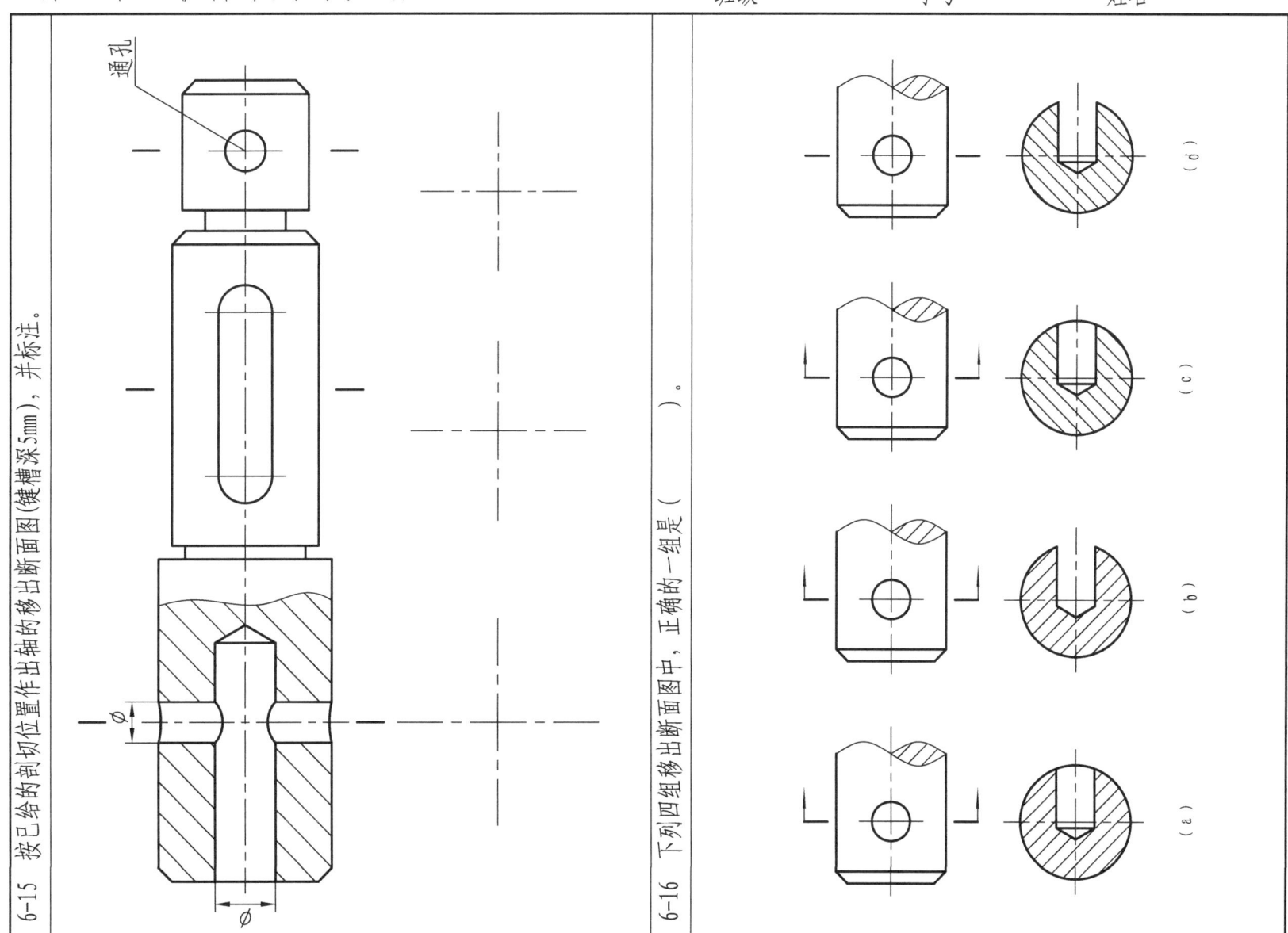

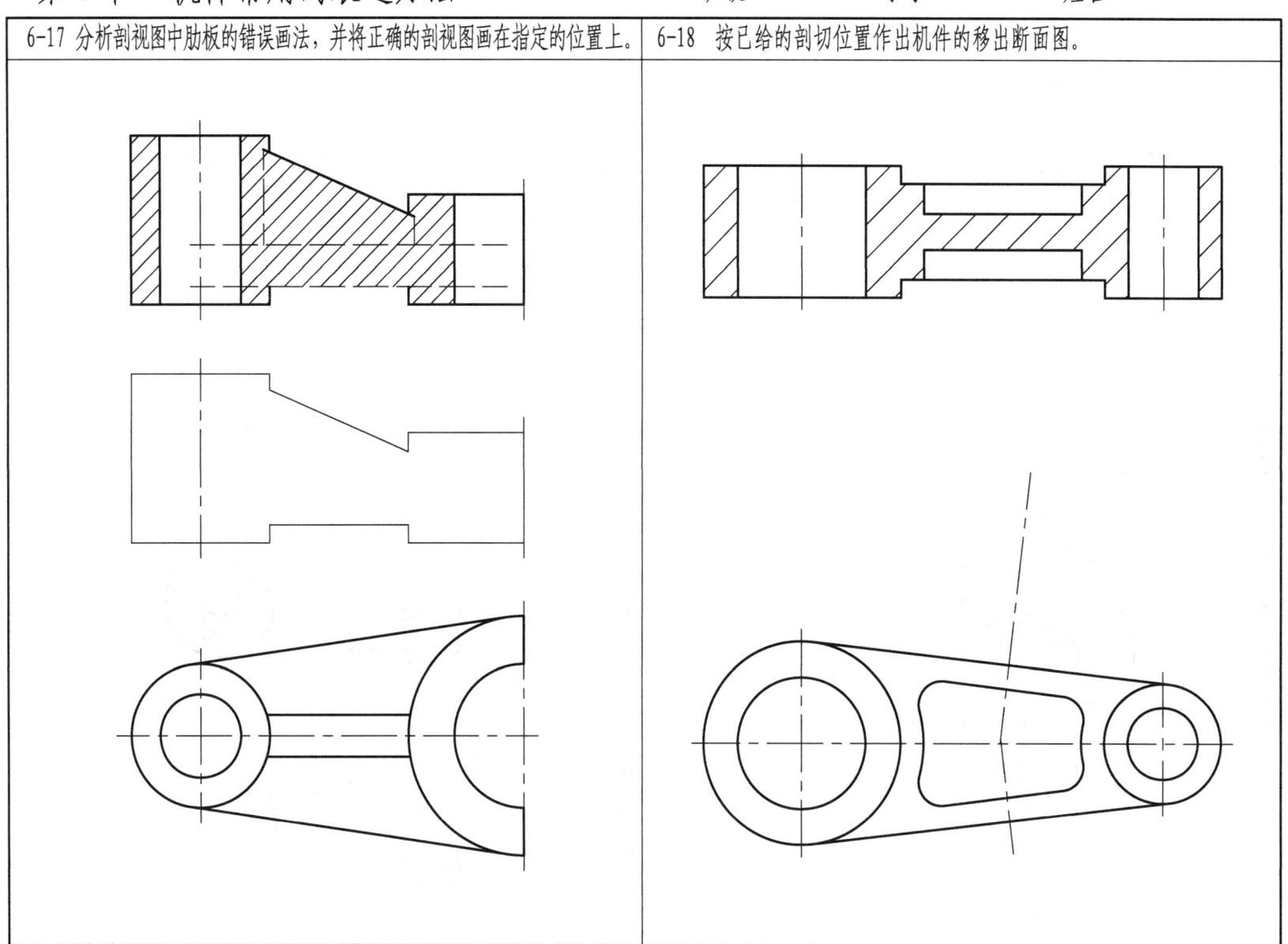

第6章 机件常用的表达方法

班级　　　　学号　　　　姓名

6-19 在指定的位置,用简化画法将主视图画成全剖视图。

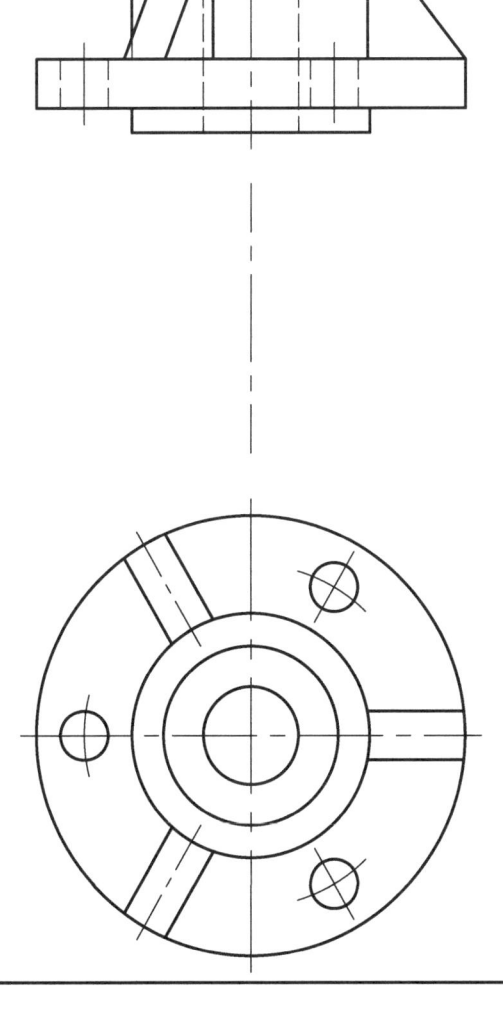

大作业二　作业指导

一、作业内容

1. 根据所给两个视图,想出机件的形状,补画第三视图,并对这三个视图作适当的剖视。在6-20题中任选一题画在A3图纸上。

2. 在剖视图上标注尺寸,数值从图中量取并取整数。

二、作业目的及要求

在画图、读图的基础上,能灵活地运用机件的各种表达方法,将机件充分表达清楚,使图形清晰,尺寸标注正确。

三、作业时数

约3~4学时。

四、作业题目

机件的剖视图。

五、作业指示

1. 在选定的原图上标注尺寸(数值由图中量取,并取整数)。

2. 根据标注的尺寸,按1:1比例画出机件剖视图的底稿,经检查无误后,描深,标注尺寸。

3. 标题栏的名称填"机件的剖视图",比例栏里填"1:1",图号栏填"02.00"。

第6章 机件常用的表达方法

班级　　　　学号　　　　姓名

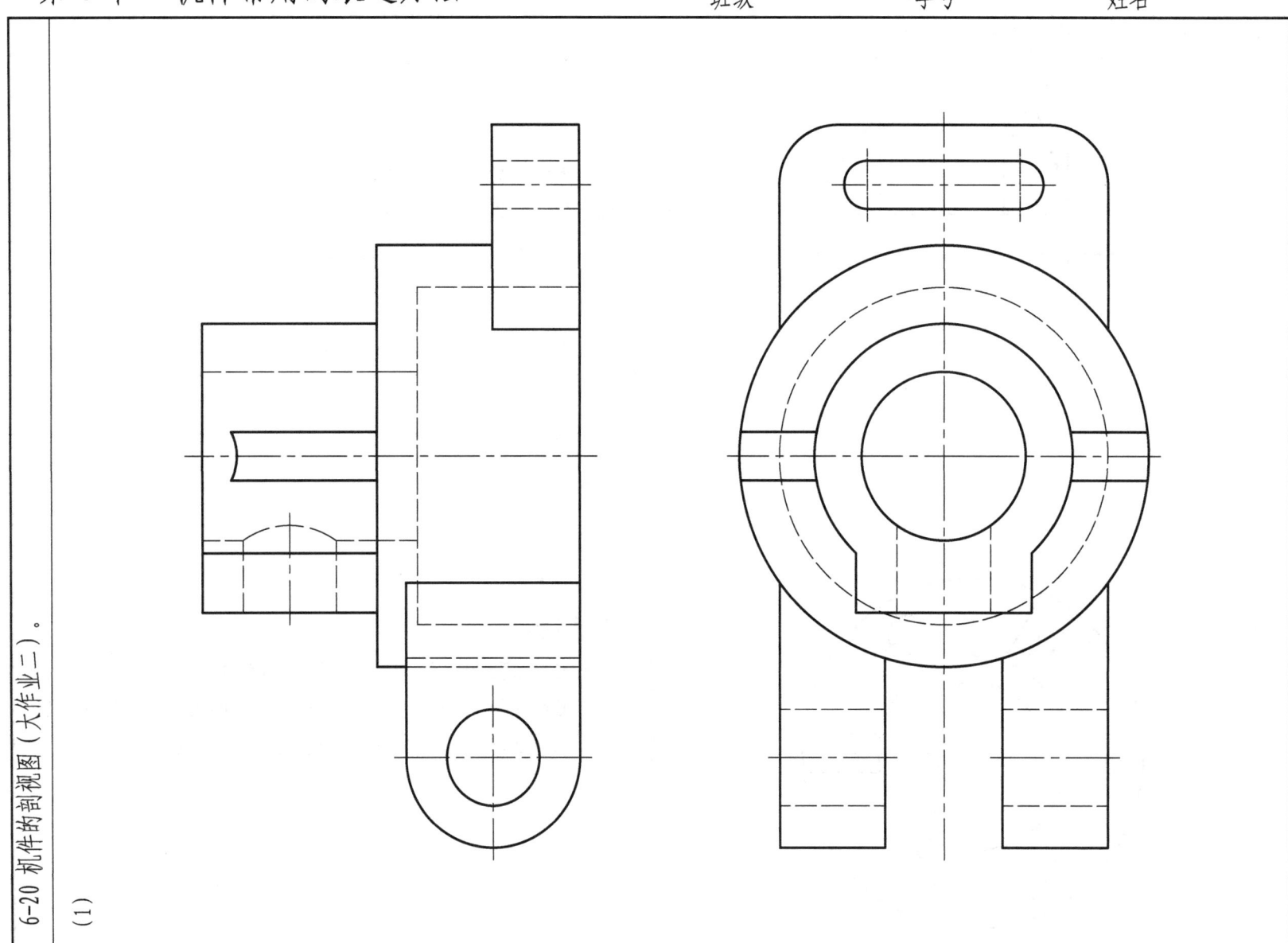

6-20 机件的剖视图（大作业二）。(1)

第6章 机件常用的表达方法

班级　　　　学号　　　　姓名

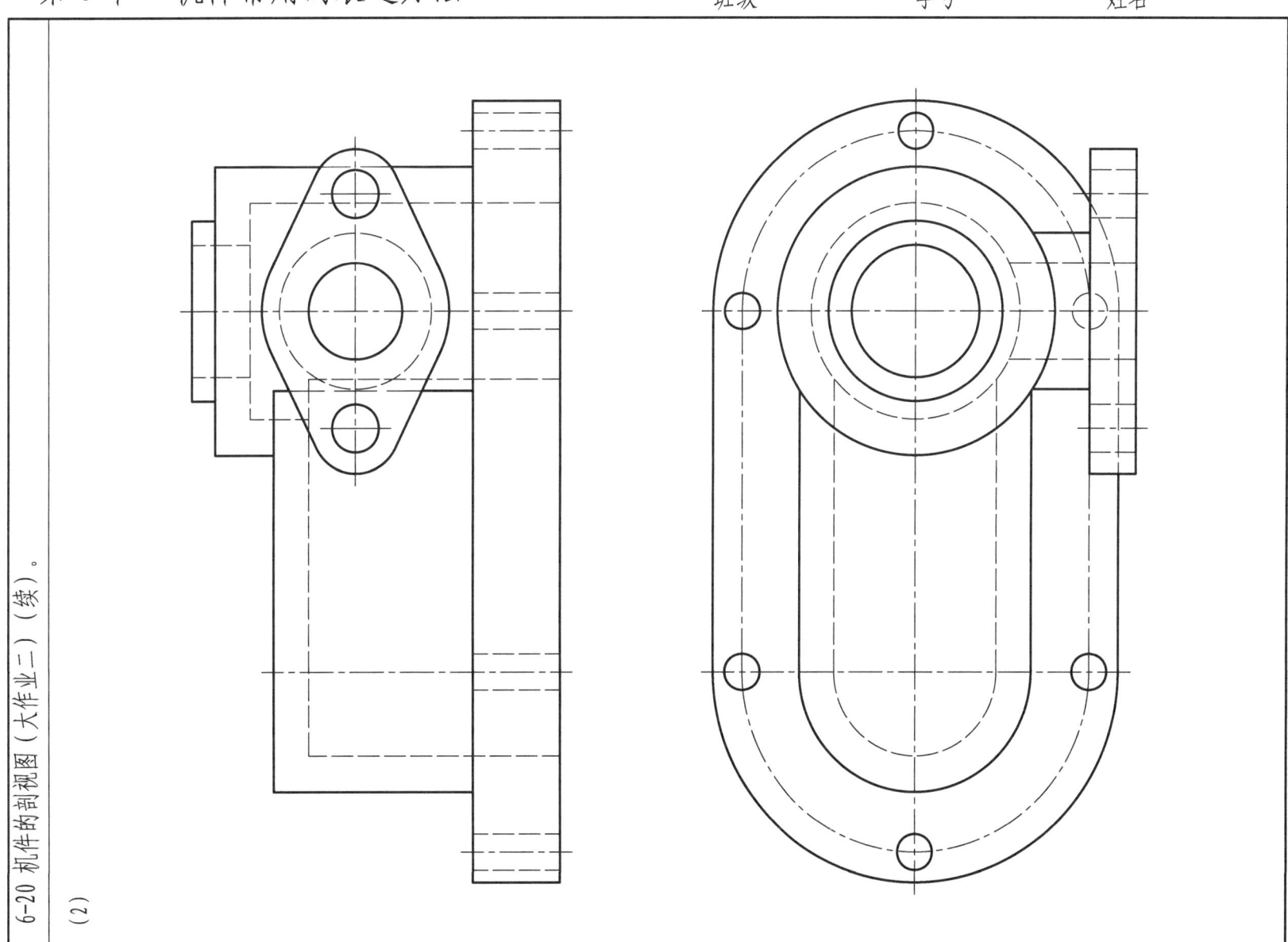

6-20 机件的剖视图（大作业二）（续）。
(2)

第7章 标准件和常用件

7-1 螺纹的画法和标注。

1. 判断下列螺纹画法的正误，正确的填"√"，错误的填"×"。

(1)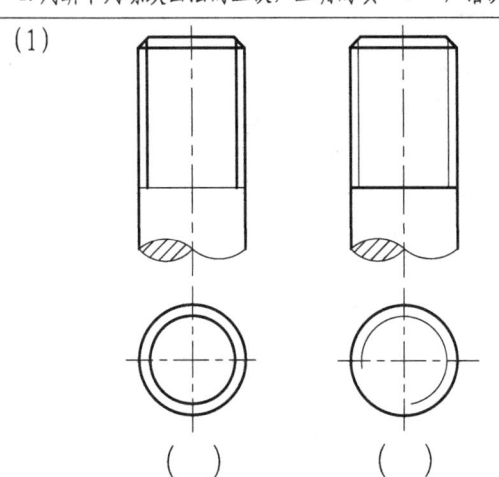
( )　　( )

(2)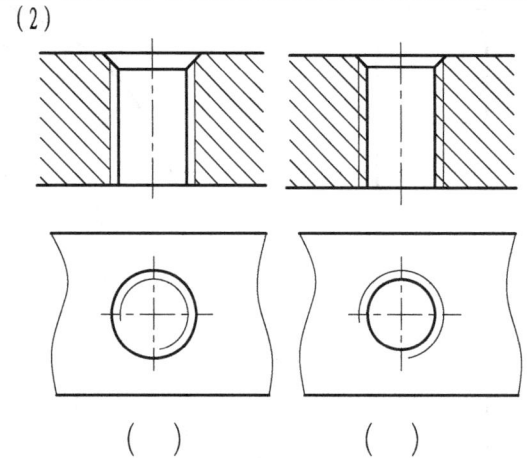
( )　　( )

(3)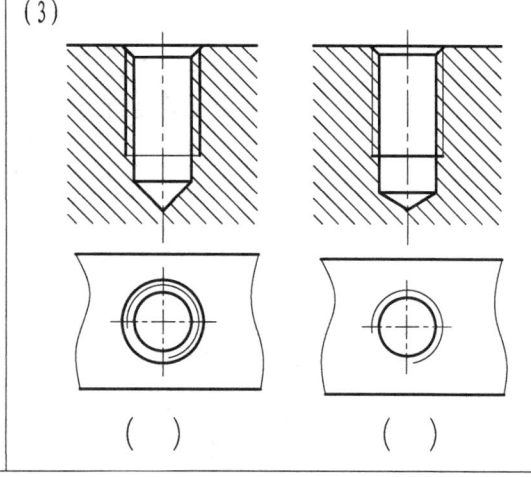
( )　　( )

2. 判断下列螺纹标注的正误，正确的填"√"错误的填"×"。

(1)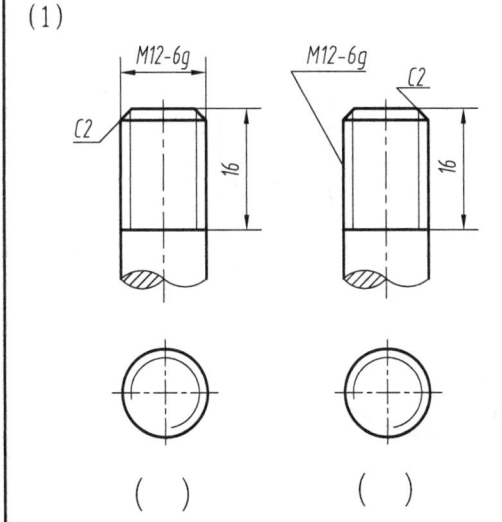
( )　　( )

(2)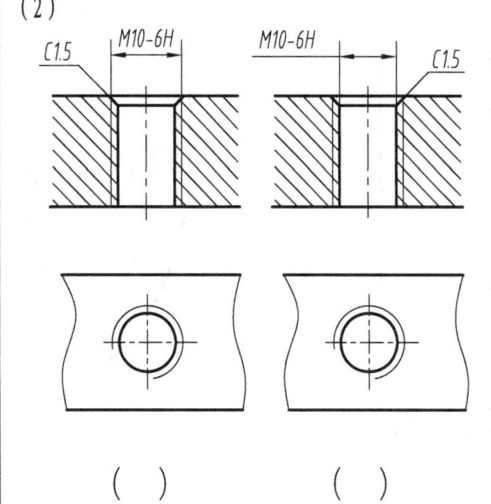
( )　　( )

(3)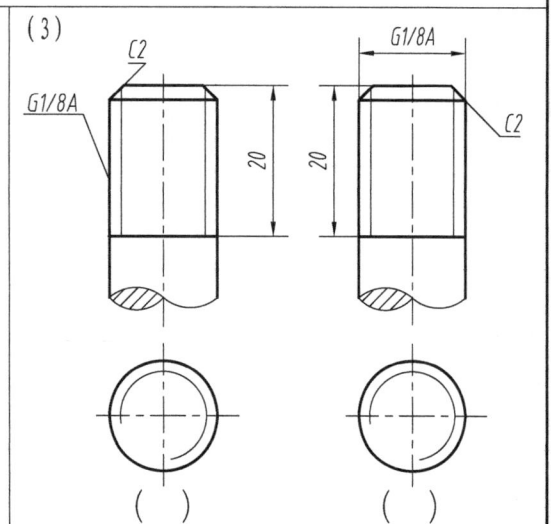
( )　　( )

第7章 标准件和常用件

班级　　　　学号　　　　姓名

3.指出螺纹及螺纹连接画法的错误（错误的线型画×），并在下方画出正确的图形。

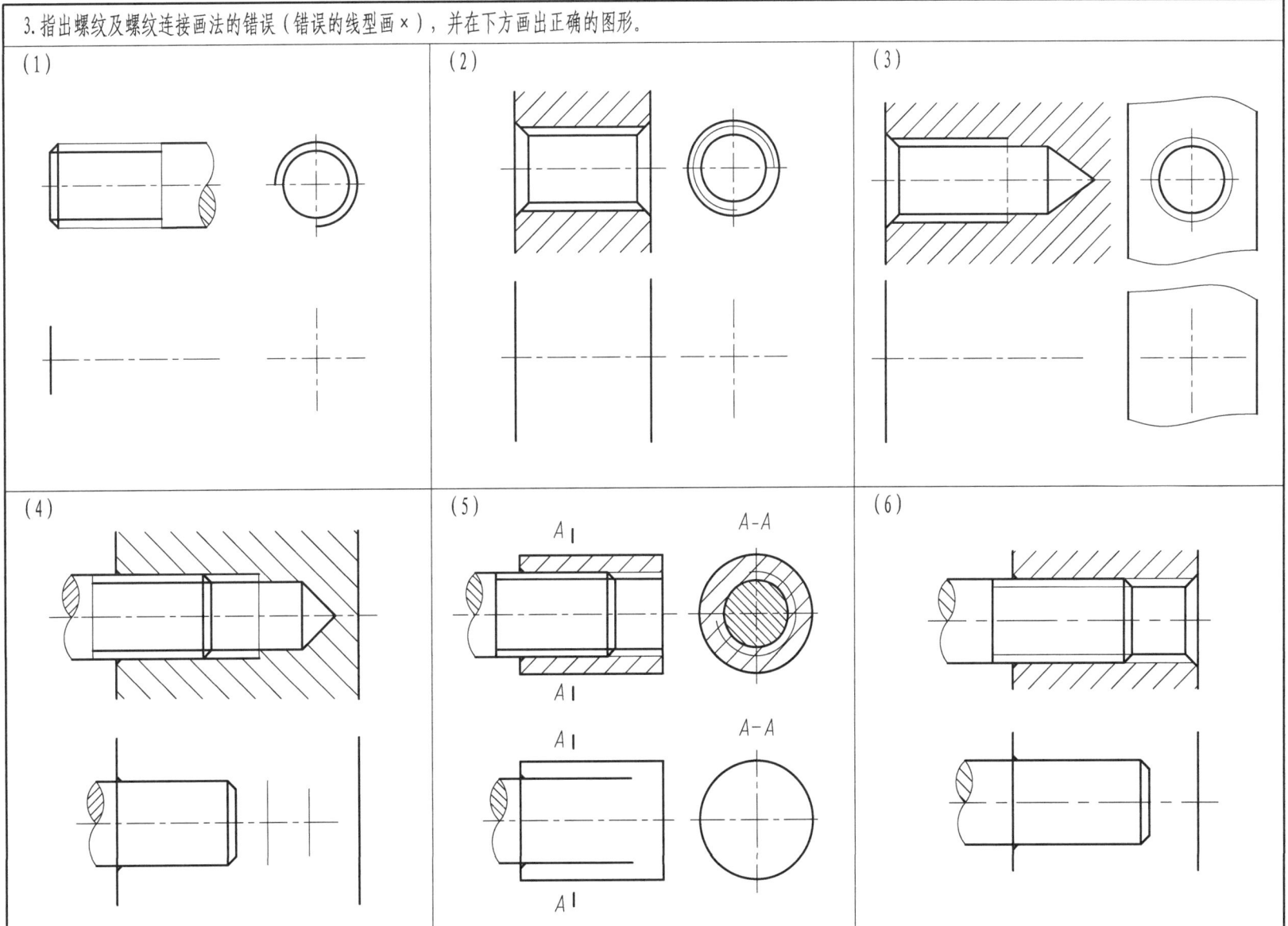

第7章 标准件和常用件

4.螺纹尺寸标注。

(1) 普通螺纹：公称直径d=20，粗牙螺距p=2.5，右旋，中等旋合长度，中径和顶径公差带代号均为6h。

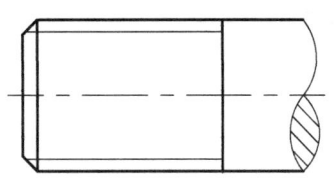

(2) 普通螺纹：公称直径D=20，细牙螺距p=1.5，左旋，长旋合长度，中径和顶径公差带代号均为6H。

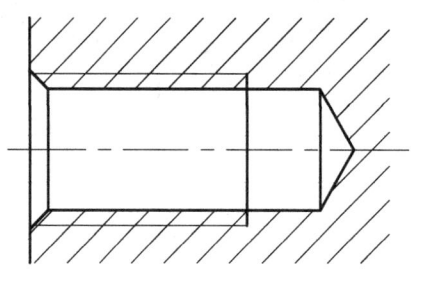

(3) 普通螺纹：公称直径d=20，细牙螺距p=1.5，左旋，中等旋合长度，中径和顶径公差带代号均为6h。

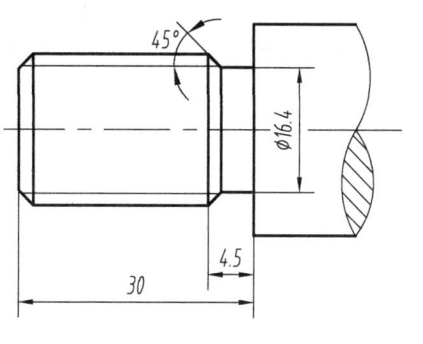

(4) 55°非密封管螺纹：尺寸代号1/2，公差等级为A级。

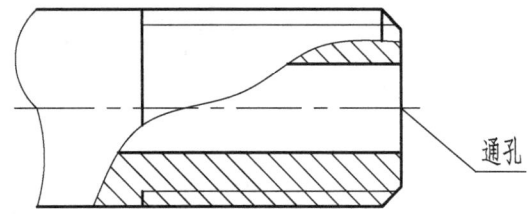

(5) 梯形螺纹：公称直径d=20，导程10，螺距p=5，左旋，中径公差带代号为7e。

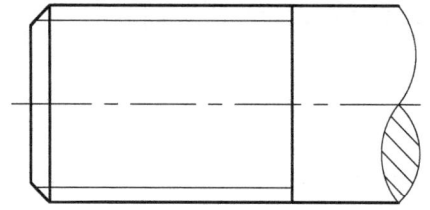

第7章　标准件和常用件

班级　　　　学号　　　　姓名

7-2 螺纹紧固件连接的画法。

1.分析螺栓连接图中箭头所指的错误，并画出正确的连接图。

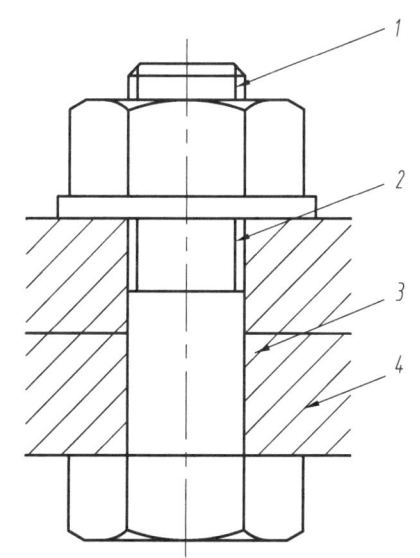
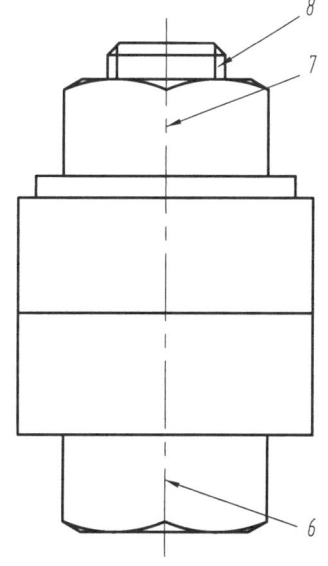
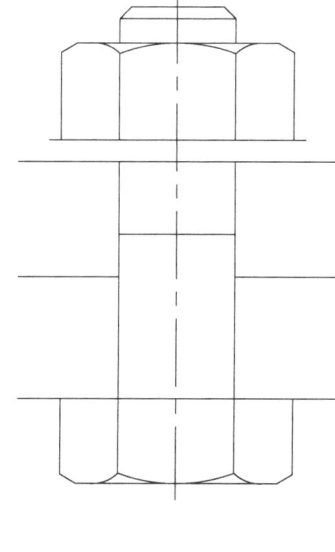
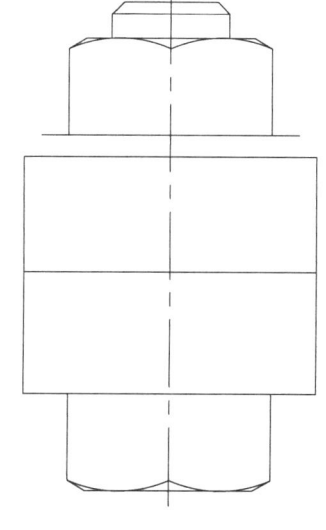
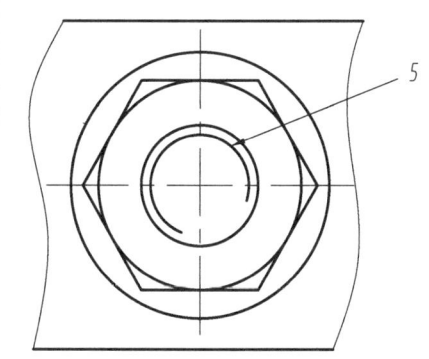
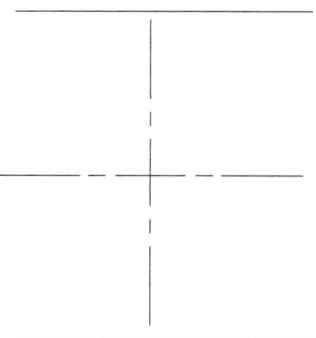

第7章 标准件和常用件

班级　　　　学号　　　　姓名

7-2 螺纹紧固件连接的画法（续）。

2. 分析螺柱连接图中箭头所指的错误，并画出正确的连接图。

3. 分析螺钉连接图中箭头所指的错误，并画出正确的连接图。

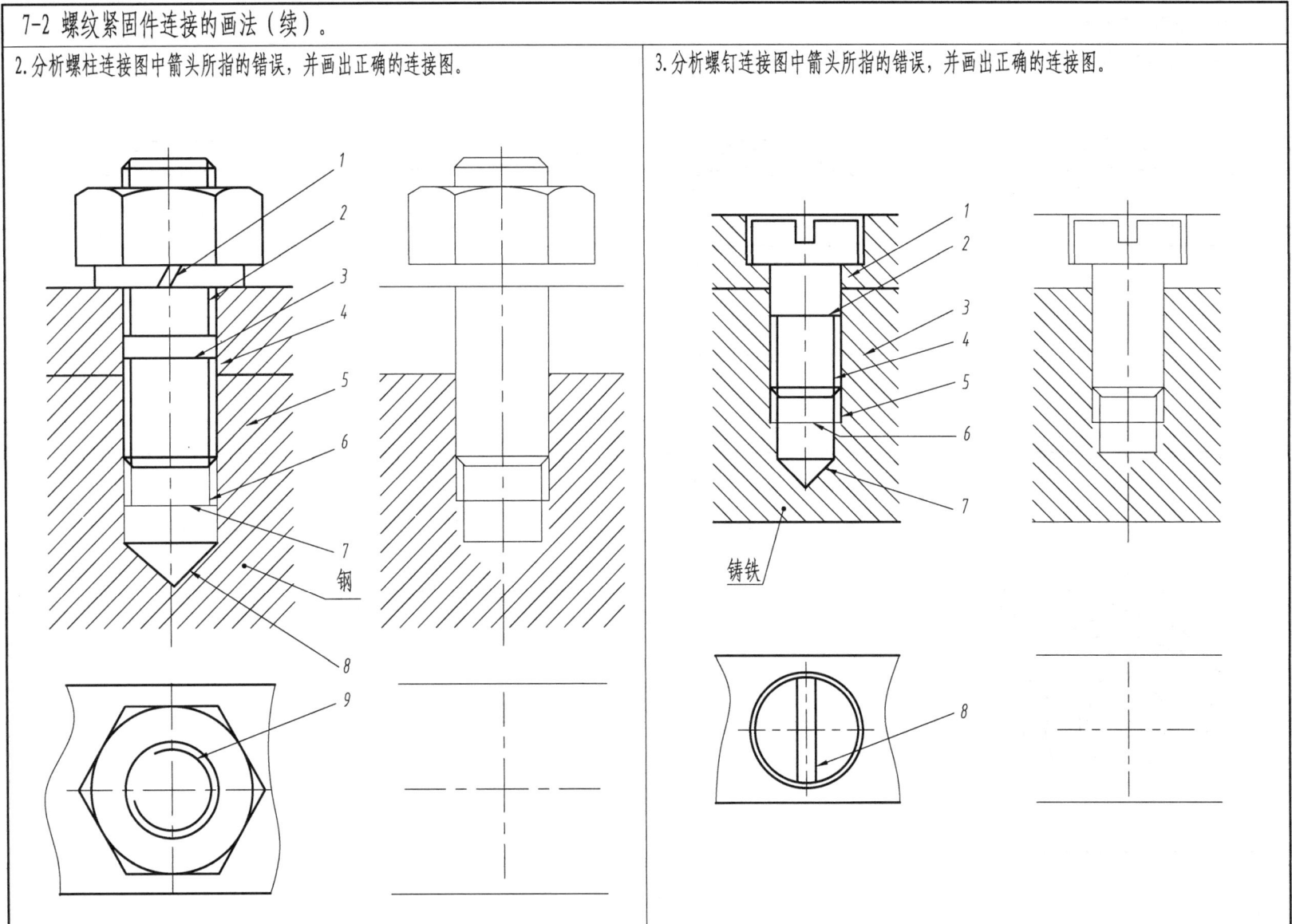

第7章 标准件和常用件

班级　　　学号　　　姓名

7-3 键的尺寸标注，键及键联接的画法。

（1）参考孔的直径查表确定轮毂中键槽的尺寸，并在图中标注。

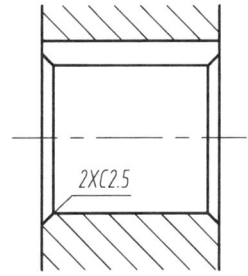 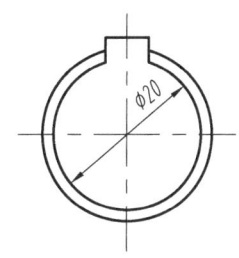

（2）参考轴的直径查表确定轴上键槽的尺寸，在指定位置画出A-A的断面图，并标注键槽的尺寸。

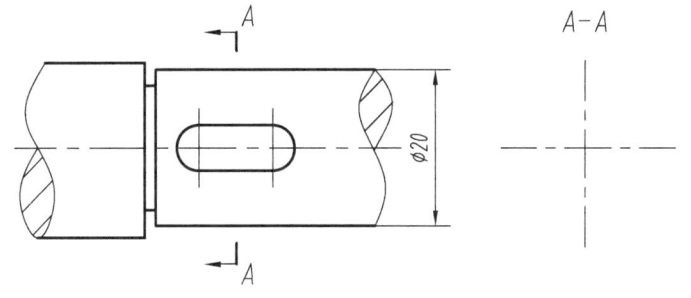

（3）将题（1）和（2）中轮毂、轴用键连接在一起，画出装配图（将轴上的键槽转到上方）。

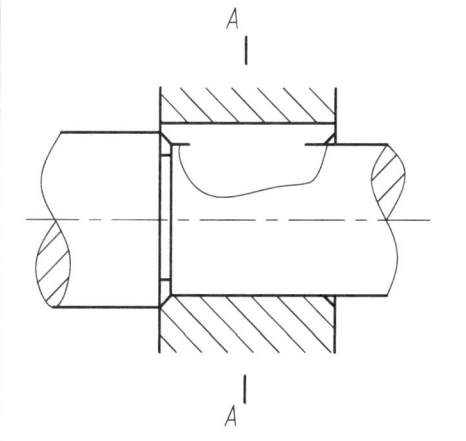 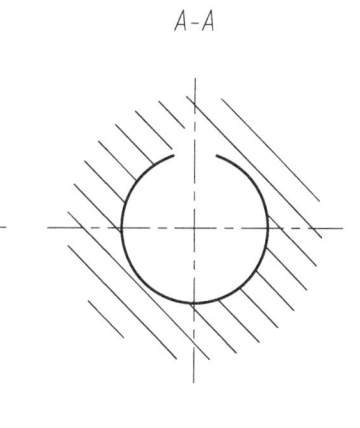

第7章 标准件和常用件

| 班级 | 学号 | 姓名 |

7-4 销及销连接画法。

（1）按1：1比例画出公称直径为φ6圆柱销连接的装配图，公称长度L在教材附表中适当选取。

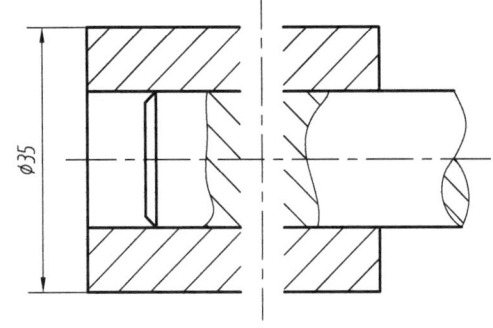

（2）按1：1比例画出公称直径为φ5的A型圆锥销连接的装配图，公称长度L按教材附表适当选取。

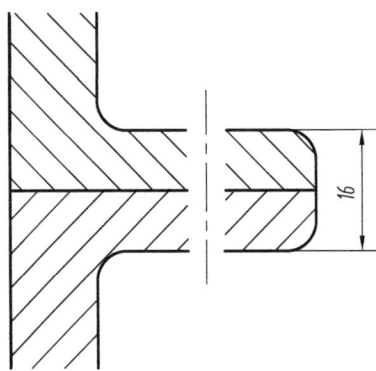

7-5 齿轮及其啮合的画法。

（1）已知直齿圆柱齿轮的齿数$z=18$，模数$m=3$，轴孔倒角C1，1：1绘制齿轮的主视图与左视图，并标注尺寸。

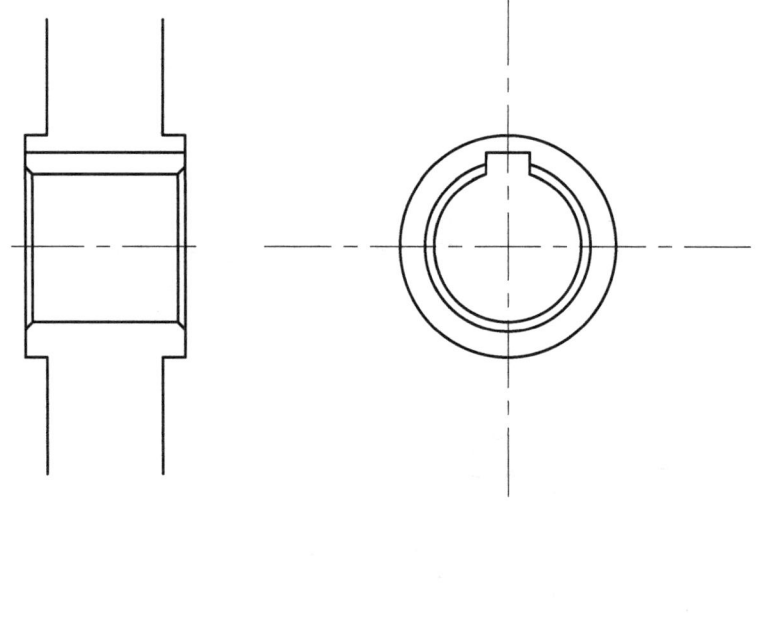

第7章 标准件和常用件

班级　　　　　学号　　　　　姓名

7-5 齿轮及其啮合的画法（续）。

（2）已知大齿轮的模数$m=4$，齿数$z_2=38$。两齿轮的中心距$a=110$，计算两齿轮参数。并用1:2比例完成直齿圆柱齿轮的啮合图。

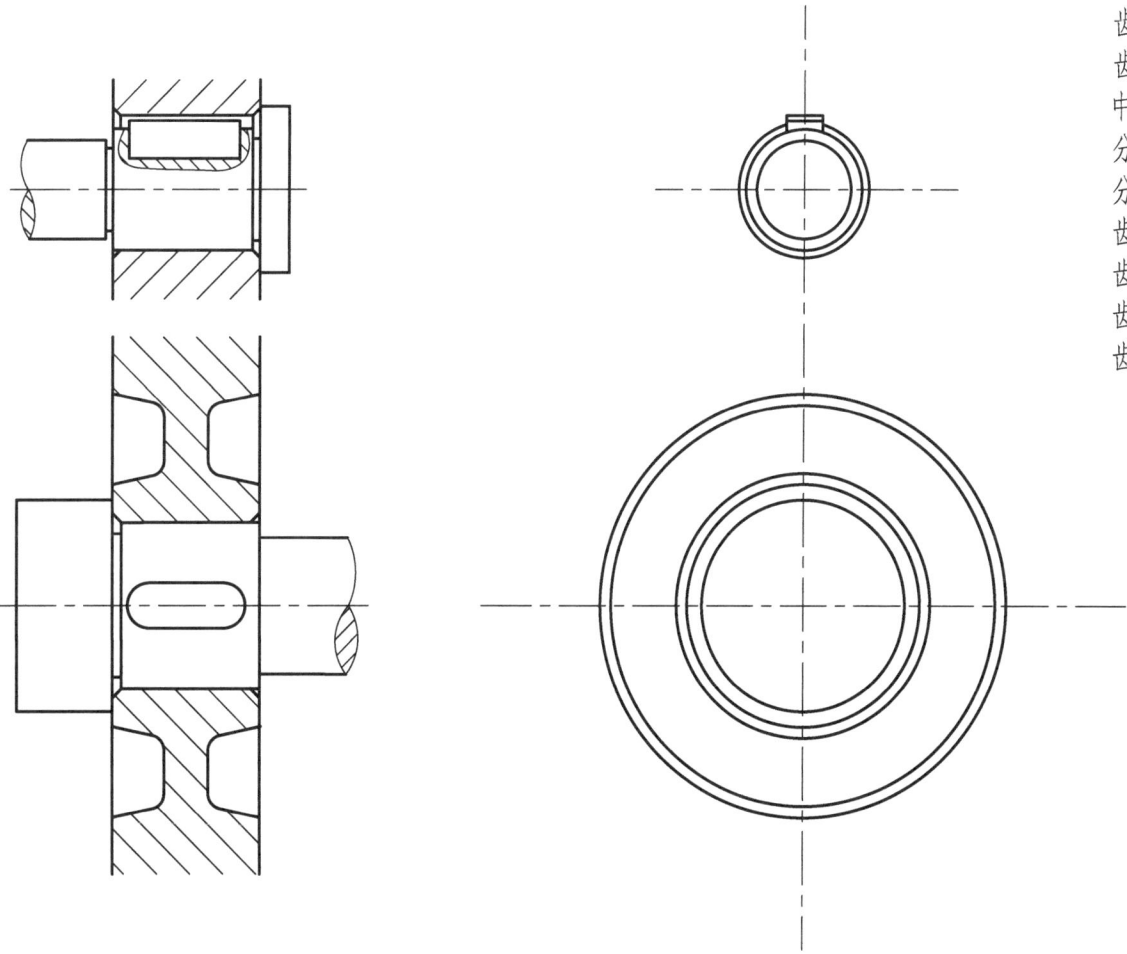

模数m：

齿数z_1：

齿数z_2：

中心距a：

分度圆直径d_1：

分度圆直径d_2：

齿顶圆直径d_{a1}：

齿顶圆直径d_{a2}：

齿根圆直径d_{f1}：

齿根圆直径d_{f2}：

第7章 标准件和常用件

7-6 弹簧的画法。

已知圆柱螺旋压缩弹簧，中径 D 为 $\phi 36$，总圈数 n_1 为9.5圈，支承圈数 n_0 为2.5圈，有效圈数 n 为7圈，节距 t 为12，线径 d 为6，右旋。计算弹簧的自由高度 $H_0 = nt + (n_0 - 0.5)d$，用 1∶1 比例画出弹簧的全剖视图（轴线水平放置），并标注尺寸。

7-7 轴承的画法。

已知滚动轴承6204，查表得到外径 D 为47，内径 d 为20，宽度 B 为14。根据示意图的尺寸关系，按照规定画法和 1∶1 的比例绘制滚动轴承6204零件图，并标注 D、d、B 的尺寸。

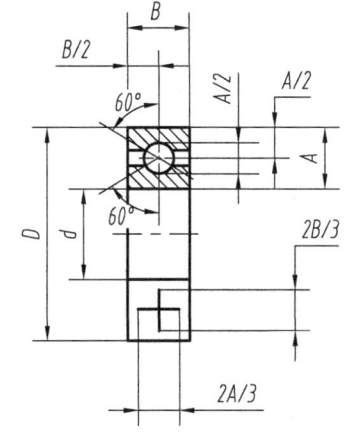

第8章 零件图

班级　　　　学号　　　　姓名

大作业三　零件测绘（一）作业指导

一、作业内容
　　测绘8-1中的轴(或套)类零件，徒手绘制零件工作草图。

二、作业目的及要求
　　1.通过分析零件的结构特点，掌握主视图的选择方法，确定零件图的表达方案。
　　2.掌握徒手绘制零件草图的方法和技巧。
　　3.正确、完整、清晰、合理地标注尺寸。
　　4.掌握表面粗糙度的注法。

三、作业时数
　　2学时。

四、作业题目
　　1.主轴，　2.套。

五、作业指示
　　1.根据零件的结构特点，确定主视图（位置和投射方向），并确定能够完整、清晰表达该零件的视图数量及表达方案。
　　2.根据零件总体尺寸，按1：1比例选择坐标纸幅面，按徒手图的绘制方法步骤及要求绘制零件草图。
　　　（1）画图框、标题栏（按教材图1-4）。
　　　（2）根据表达方案及总体尺寸布图，画基准线。
　　　（3）画底稿、检查、描深，标注尺寸。
　　3.注写各项技术要求(表面粗糙度等)。
　　4.填写标题栏。
　　　名称：主轴；材料：40Cr；比例：按实际绘图比例填写；图号：03.01。
　　　名称：套；材料：ZL105；比例：按实际绘图比例填写；图号：03.02。

大作业四　零件测绘（二）作业指导

一、作业内容
　　测绘8-2中的叉(或支架)类零件，徒手绘制零件工作草图，再使用绘图仪器绘制零件工作图。

二、作业目的及要求
　　同大作业三。

三、作业时数
　　工作草图3学时，仪器图3学时。

四、作业题目
　　1.叉，　2.支架。

五、作业指示
　　1.根据零件总体尺寸，按1：1比例选择坐标纸幅面，绘制工作草图。
　　2.根据零件草图绘制仪器图。
　　　（1）分析零件草图的表达方案及布图是否恰当，并修改。
　　　（2）按相同比例选择仪器图图纸幅面，布图，画基准线。
　　　（3）校核草图尺寸标注是否完整，按草图标注的尺寸画底稿，在用过的尺寸上作记号，少补多去。
　　　（4）擦去多余的作图线，检查并描深。
　　　（5）标注尺寸，写出必要的技术要求（表面粗糙度等）。
　　3.填写标题栏。
　　　名称：叉；材料：ZL102；比例：按实际绘图比例填写；图号：01.01。
　　　名称：支架；材料：HT150；比例：按实际绘图比例填写；图号：04.02。

| 第 8 章　零件图 | | 班级　　　学号　　　姓名 |

8-1 零件测绘（一）——主轴。其中：螺纹退刀槽、键槽、倒角等尺寸查表决定。

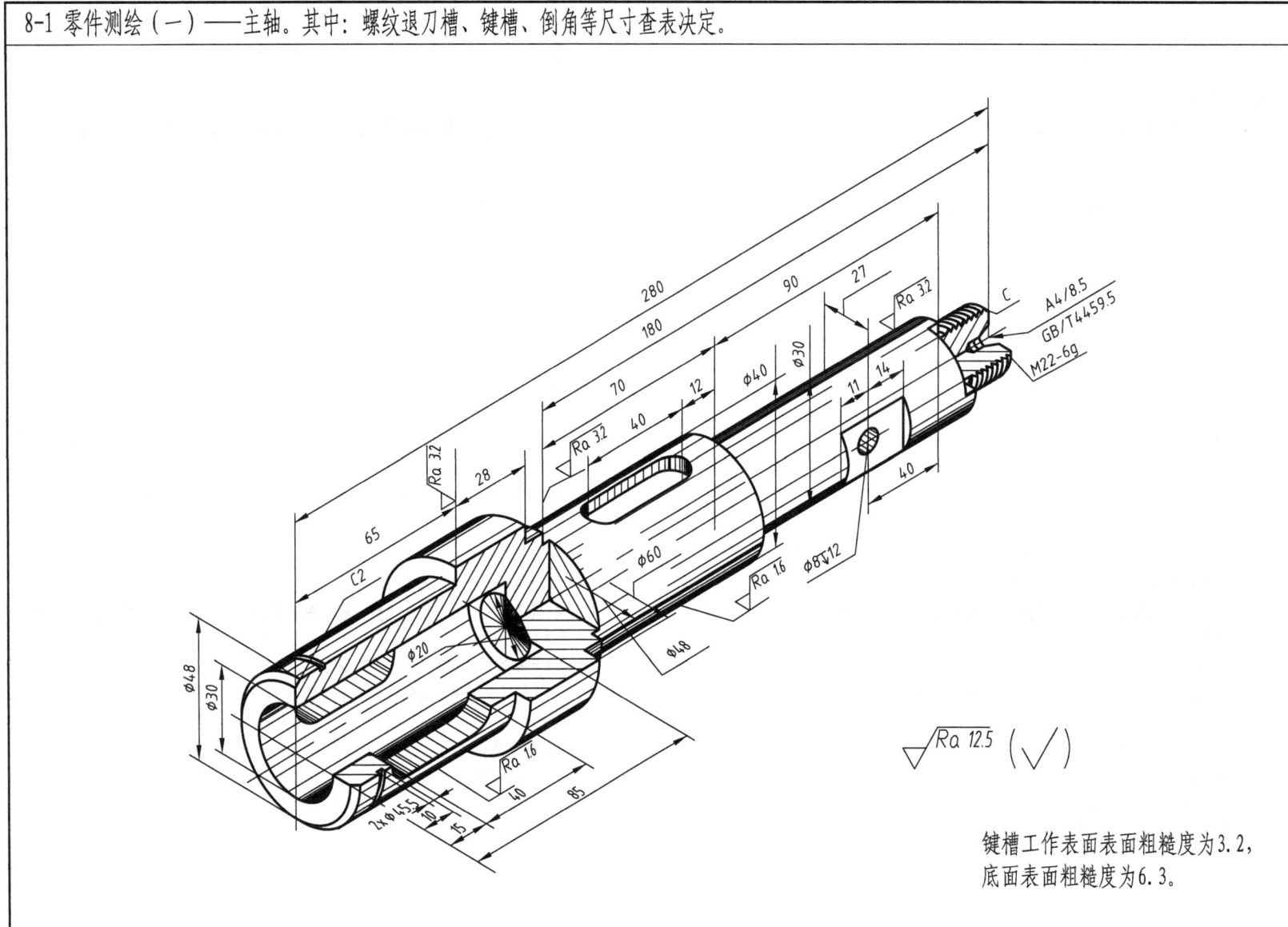

键槽工作表面表面粗糙度为3.2，底面表面粗糙度为6.3。

第8章 零件图

班级　　　学号　　　姓名

8-1 零件测绘（一）——套。

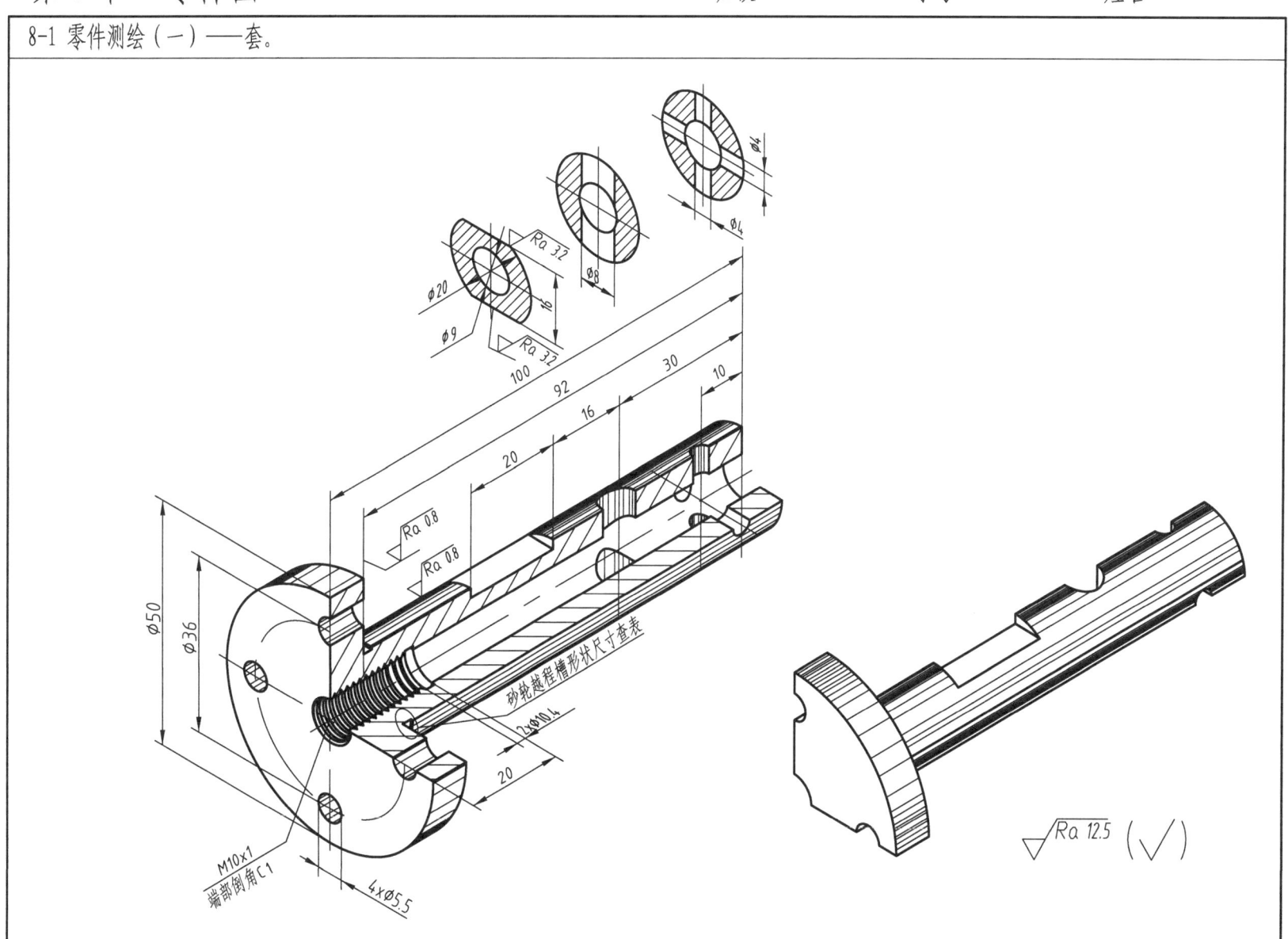

| 第 8 章　零件图 | 班级　　　学号　　　姓名 |

8-2 零件测绘（二）——叉。其中：倒角尺寸查表决定。

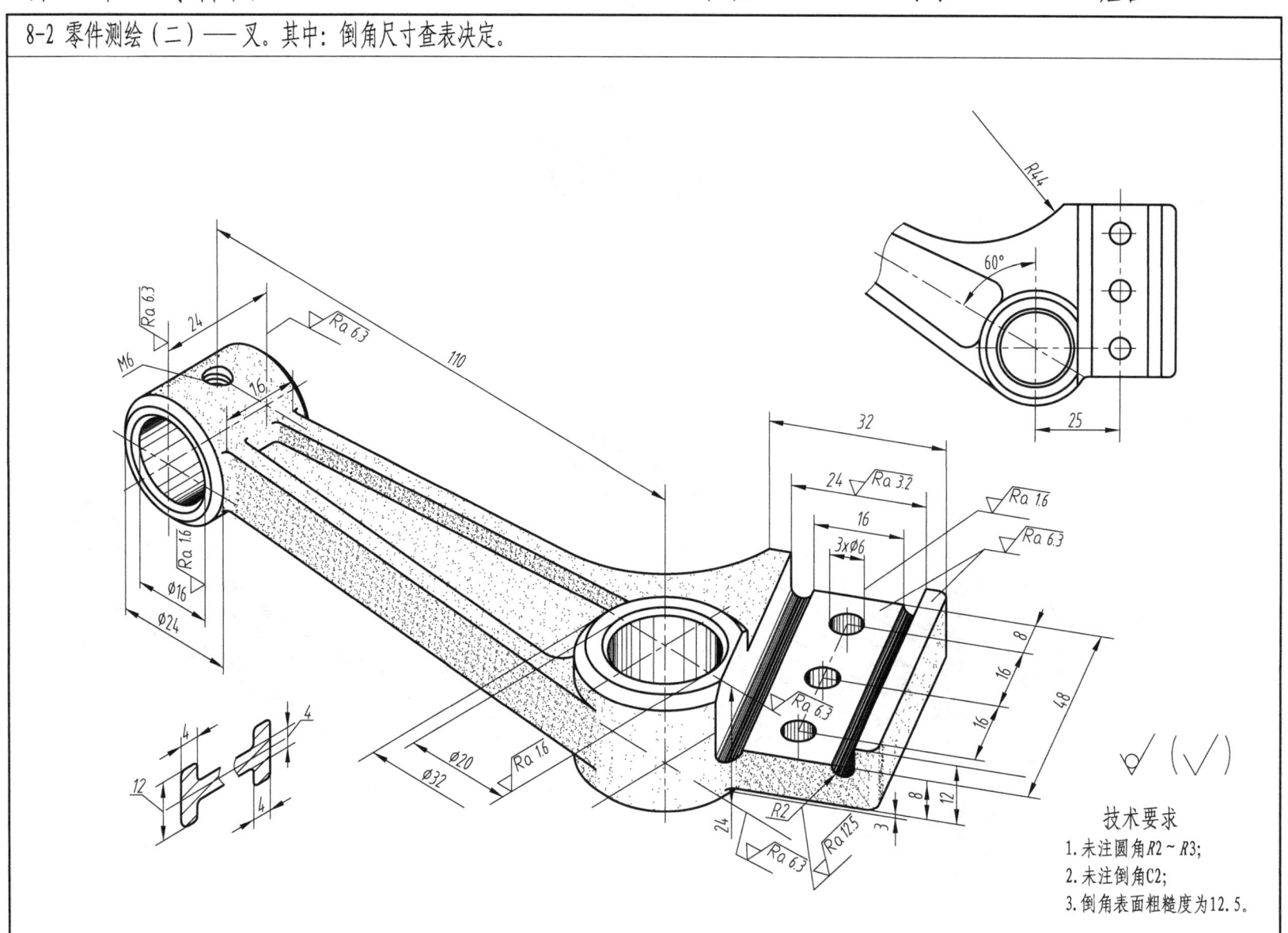

技术要求
1. 未注圆角R2～R3；
2. 未注倒角C2；
3. 倒角表面粗糙度为12.5。

第8章 零件图

班级　　　　学号　　　　姓名

8-2 零件测绘（二）——支架。其中：倒角尺寸查表决定。

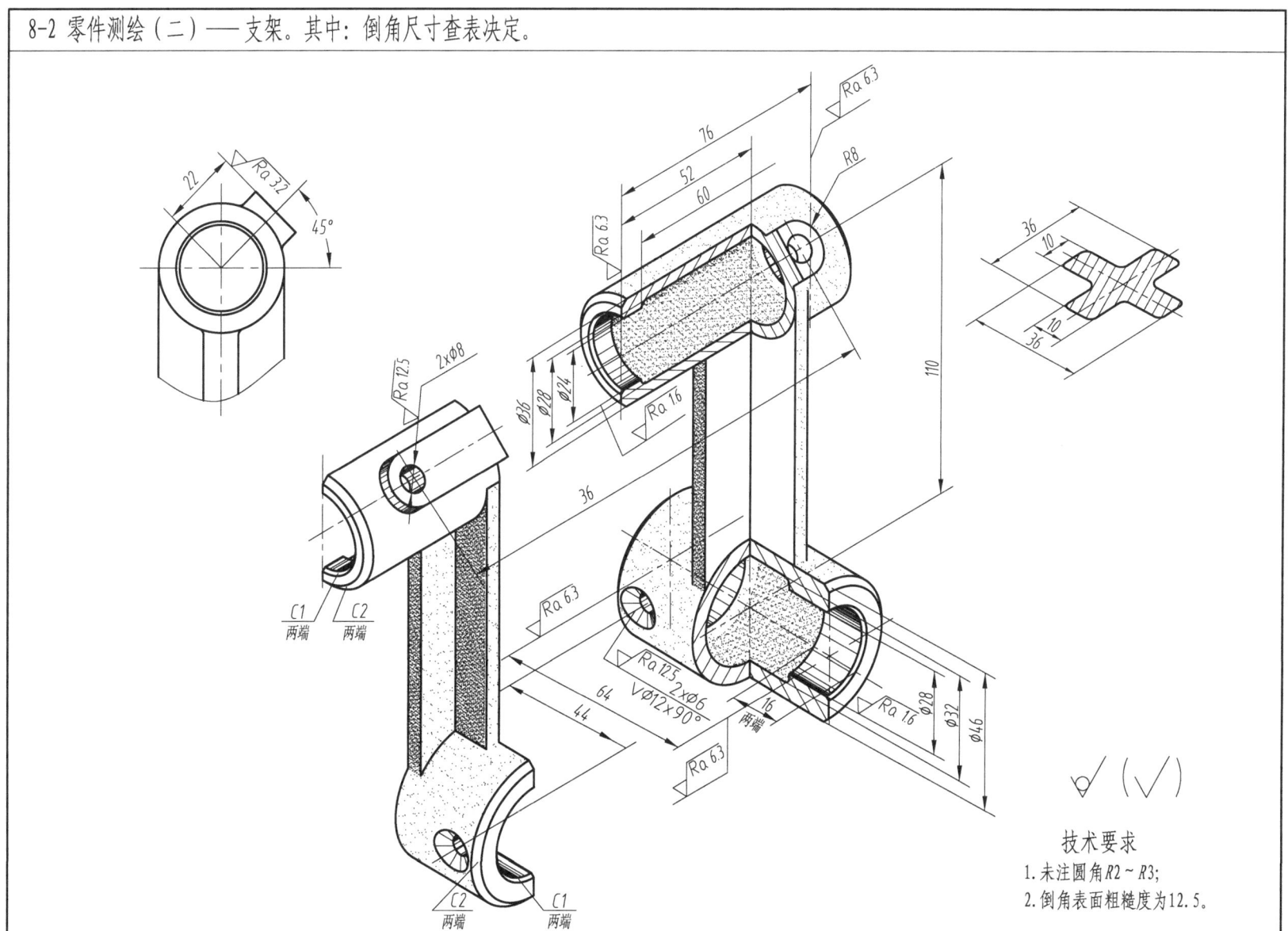

技术要求
1. 未注圆角 R2～R3；
2. 倒角表面粗糙度为12.5。

| 第8章 零件图 | 班级　　　　学号　　　　姓名 |

8-3 表面粗糙度。

(1) 填空题。

(a) 表面粗糙度：由较小（　　　）和微小（　　　）所组成的微观几何形状特征，这种特征称为表面粗糙度。

(b) 表面粗糙度由（　　）特征参数、（　　）特征参数和（　　）特征参数构成。

(c) 工程上常用的高度特征参数是（　　　）、（　　　）两个参数。

(d) 轮廓算术平均偏差是哪个参数（　　　）。

(d) 轮廓最大高度是哪个参数（　　　）。

(2) 选择题。

(a) 车削表面，若不需注出其工艺方法时，在图样中应采用下列符号（　）标注。

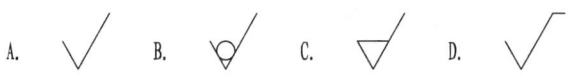

(b) 铸造表面，若不需注出其工艺方法时，在图样中应采用下列符号（　）标注。

A.　　　　B.　　　　C.　　　　D.

(3) 将指定的表面粗糙度用代号标注在图上。

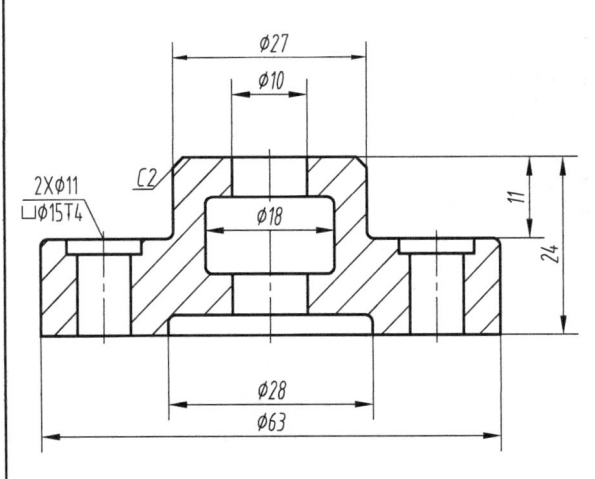

(4) 在左图上指出表面粗糙度代号标注的错误，将改正后正确的表面粗糙度代号标注在右图上。

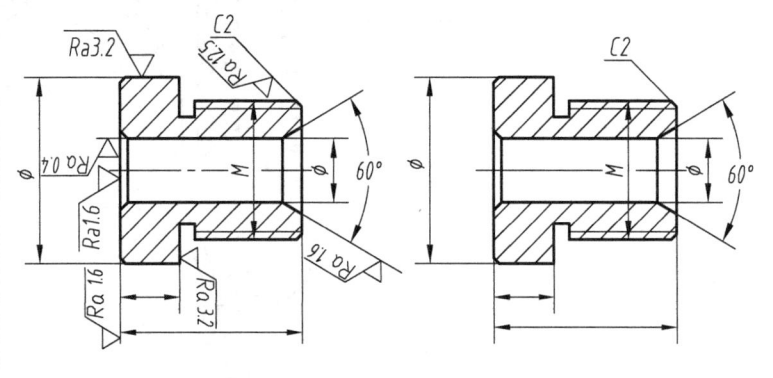

第8章 零件图

班级　　　　学号　　　　姓名

8-4 极限与配合。

(1) 根据装配图标注的配合代号说明配合尺寸 ϕ27H7/n6，ϕ18H8/f7的含义。

(a) ϕ27 表示 ＿＿＿＿；(e) f 表示 ＿＿＿＿＿；

(b) ϕ18 表示 ＿＿＿＿；(f) 6、7、8 表示 ＿＿＿＿；

(c) H 表示 ＿＿＿＿；(g) ϕ27H7/n6 表示 ＿＿制 ＿＿配合；

(d) n 表示 ＿＿＿＿；(h) ϕ18H8/f7 表示 ＿＿制 ＿＿配合。

(2) 查表计算出配合尺寸 ϕ27H7/n6、ϕ18H8/f7中上、下极限尺寸。

(a) ϕ27H7/n6

孔：上极限尺寸为 ＿＿＿＿　　　轴：上极限尺寸为 ＿＿＿＿

下极限尺寸为 ＿＿＿＿　　　　　下极限尺寸为 ＿＿＿＿

(b) ϕ18H8/f7

孔：上极限尺寸为 ＿＿＿＿　　　轴：上极限尺寸为 ＿＿＿＿

下极限尺寸为 ＿＿＿＿　　　　　下极限尺寸为 ＿＿＿＿

(3) 根据配合代号，在相应的零件图上标注出公称尺寸和极限偏差数值。

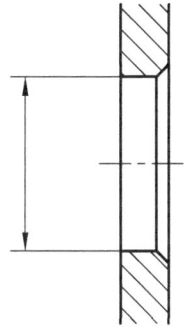
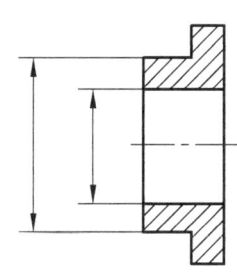
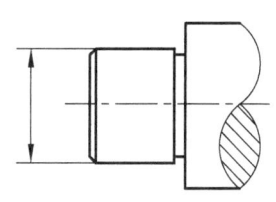
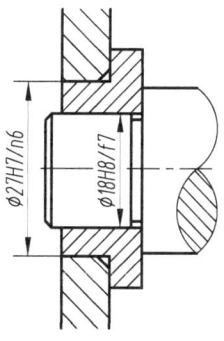

第8章 零件图

8-4 极限与配合(续)。

(4) 根据装配图给出的配合代号，在零件图上标注出公称尺寸，公差带代号和偏差数值。

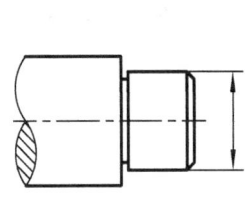 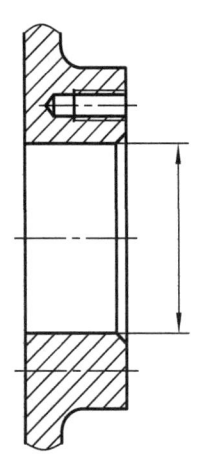 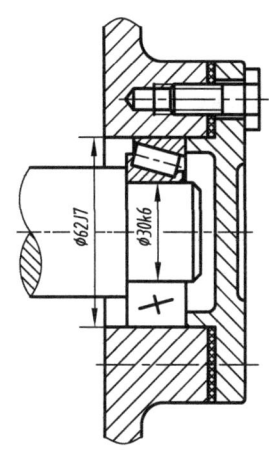

(5) 根据零件图上给出的孔和轴的偏差值，查表确定其公差带代号，在装配图上标注出配合代号，并在指定的位置画出孔和轴的公差带图。

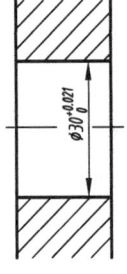 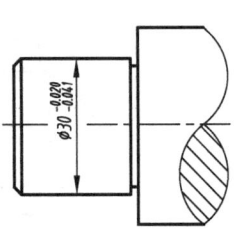 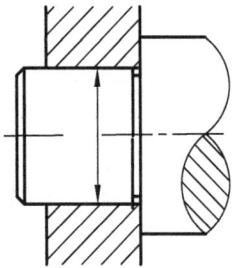

第8章 零件图

8-5 几何公差。

(1) 在给定的图形上标注形状公差。

 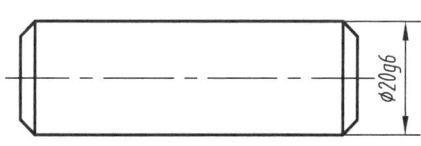 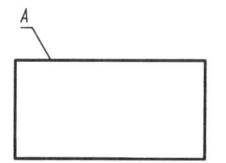 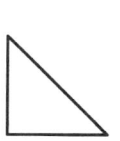

顶面的平面度公差为0.01。　　　　　　　　　ϕ20g6的圆度公差为0.03。　　　　　　　　　棱线A的直线度公差为0.02。

(2) 在给定的图形上标注位置公差。

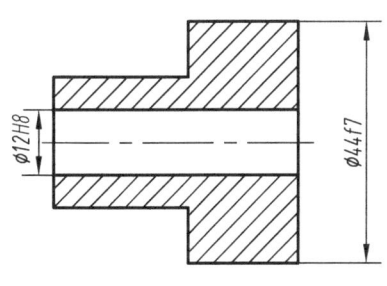 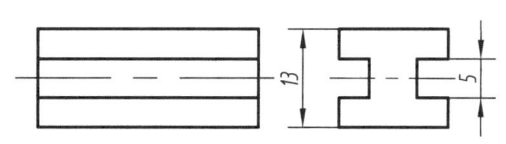 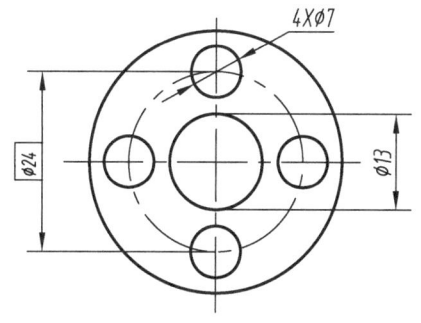

ϕ12H8对ϕ44f7的同轴度公差为ϕ0.02；
ϕ12H8轴线对右端面垂直度公差为0.03。　　顶面对底面的平行度公差为0.03。　　　　均匀分布的4×ϕ7孔对ϕ13的位置度公差为ϕ0.03。
　　　　　　　　　　　　　　　　　　　　　槽5对距离为13的两平面的对称度公差为0.05。

第8章 零件图

班级　　　学号　　　姓名

8-6 读懂法兰盘零件图,画出主视图的外形视图、补画右视图,并回答下列问题。

1. 主视图采用的是什么表达方法;
2. 标出长、高方向的主要基准;
3. 说明 √Ra 12.5 (√) 的含义;
4. 解释3×φ10/⌴φ16 T7的含义,标出其定位尺寸;
5. 局部放大图表达的是什么结构;
6. 图中4×φ62、2×0.5尺寸的含义是什么;
7. 零件最左、最右表面的表面粗糙度是多少;
8. 指出图示零件的名称和材料。

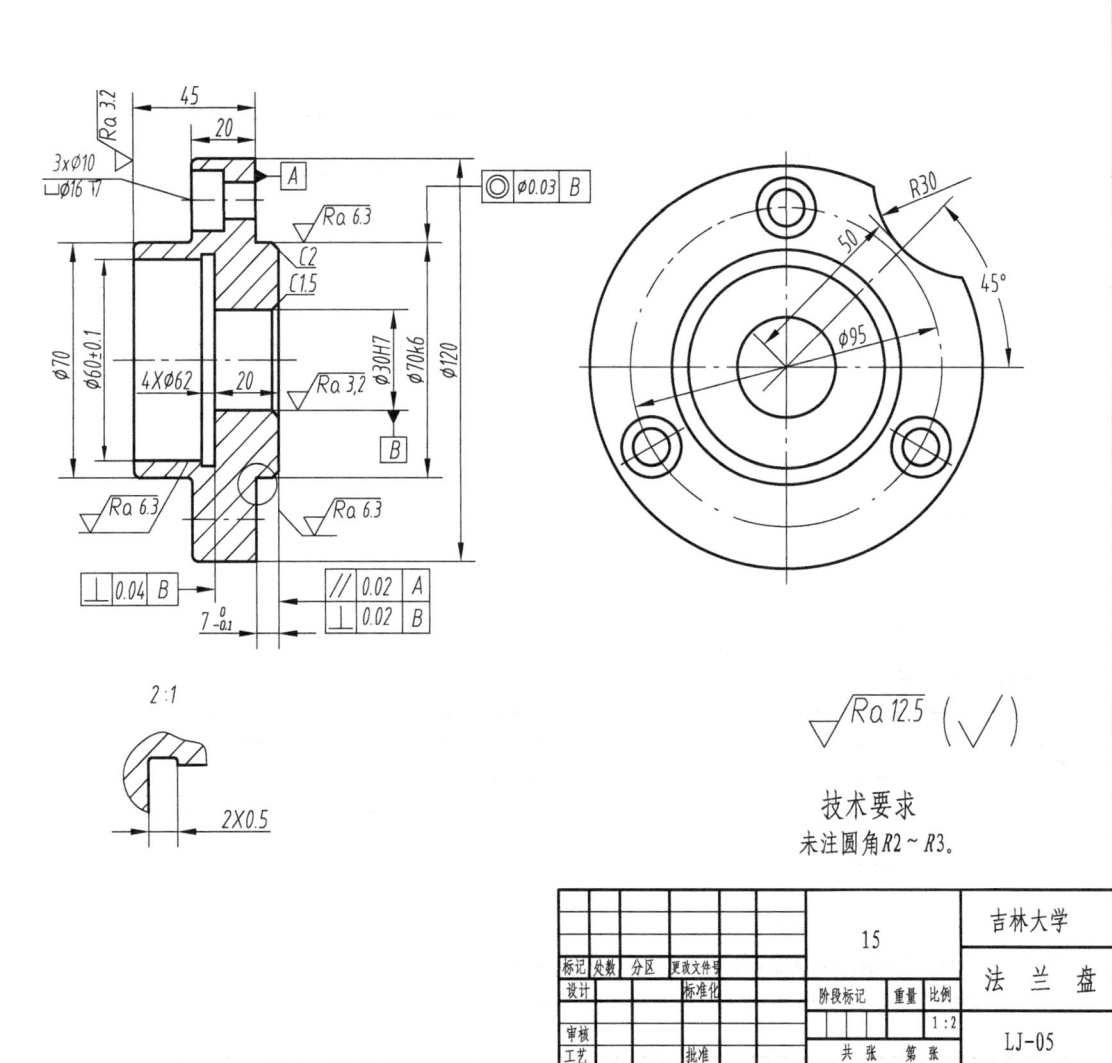

第8章 零件图

8-7 读懂泵体零件图,画出右视图的外形视图,并回答问题。

1. 该零件的表达使用了几个基本视图,主视图采用的是什么表达方法;
2. 指出图中长、宽、高三个方向的尺寸基准和主要定位尺寸;
3. 解释G3/8的含义;
4. 指出左视图上螺纹孔的尺寸,解释含义并指出其定位尺寸;
5. 最前端面的表面粗糙度是多少,最后端面的表面粗糙度是多少;
6. 指出图示零件的名称和材料;
7. 解释 ⊥ 0.03 A 含义;
8. 解释 ∥ 0.03 A 含义。

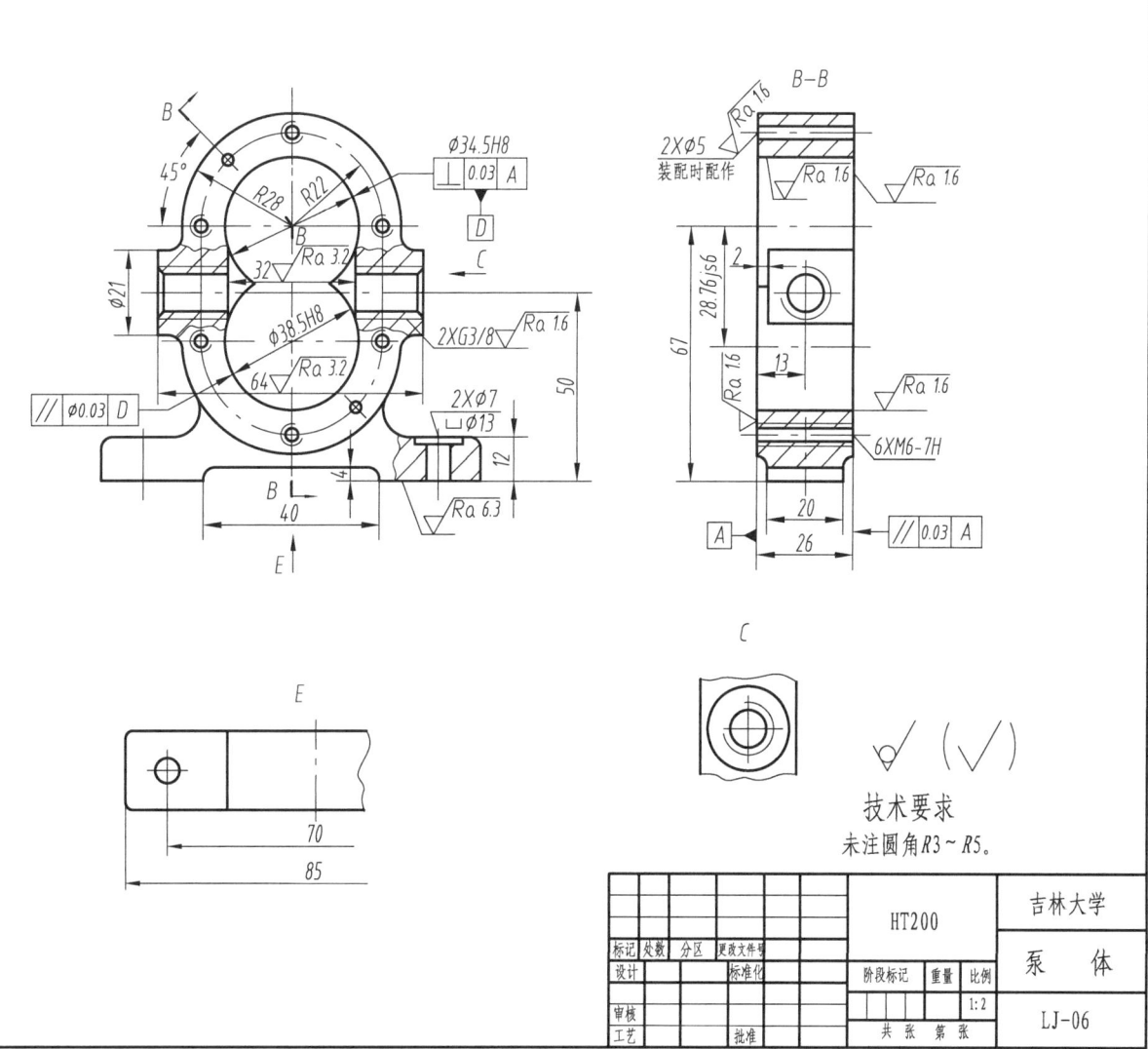

第9章 装配图

班级　　　学号　　　姓名

9-1 根据千斤顶的零件图绘制装配图。

大作业五　作业指导

一、作业内容

根据零件图，拼画出装配图。

二、作业目的及要求

根据千斤顶的装配示意图，了解部件的装配顺序，练习绘制装配图。

三、作业时数

大约4学时。

四、作业题目

千斤顶。

千斤顶工作原理：千斤顶是利用螺旋传动来顶举重物。工作时，绞杠3穿入到螺旋杆2中，旋动绞杠，依靠螺旋杆与底座1间的螺纹连接使螺旋杆上下运动，带动通过螺钉4与其连接的顶盖5，顶起重物。

五、作业指示

1. A3图纸横放，按1:1比例绘制，图号为05.00。
2. 根据给出的一套千斤顶零件图，仔细阅读每一张零件图，想像出零件的结构形状。
3. 根据千斤顶的装配示意图，按尺寸确定零件间的相互位置关系，了解千斤顶的功用及工作原理。
4. 画装配图时，先画出装配轴线、对称线、中心线和基准线，从主要件、较大件画起，按顺序把其他零件逐一画上。画图时注意，相关的几个视图同时画，底稿完成后，检查无误再描深和标注尺寸，最后填写标题栏、明细表、注写技术要求。

该千斤顶所用到的标准件：

件4　螺钉　GB/T 65-2000 M8x10　1件

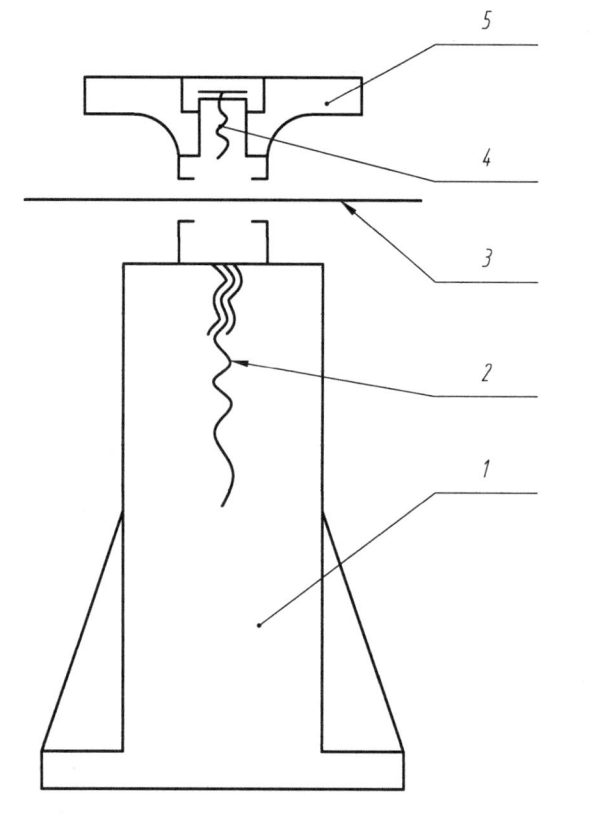

千斤顶装配示意图

第9章 装配图

9-1 根据千斤顶的零件图绘制装配图（续）。

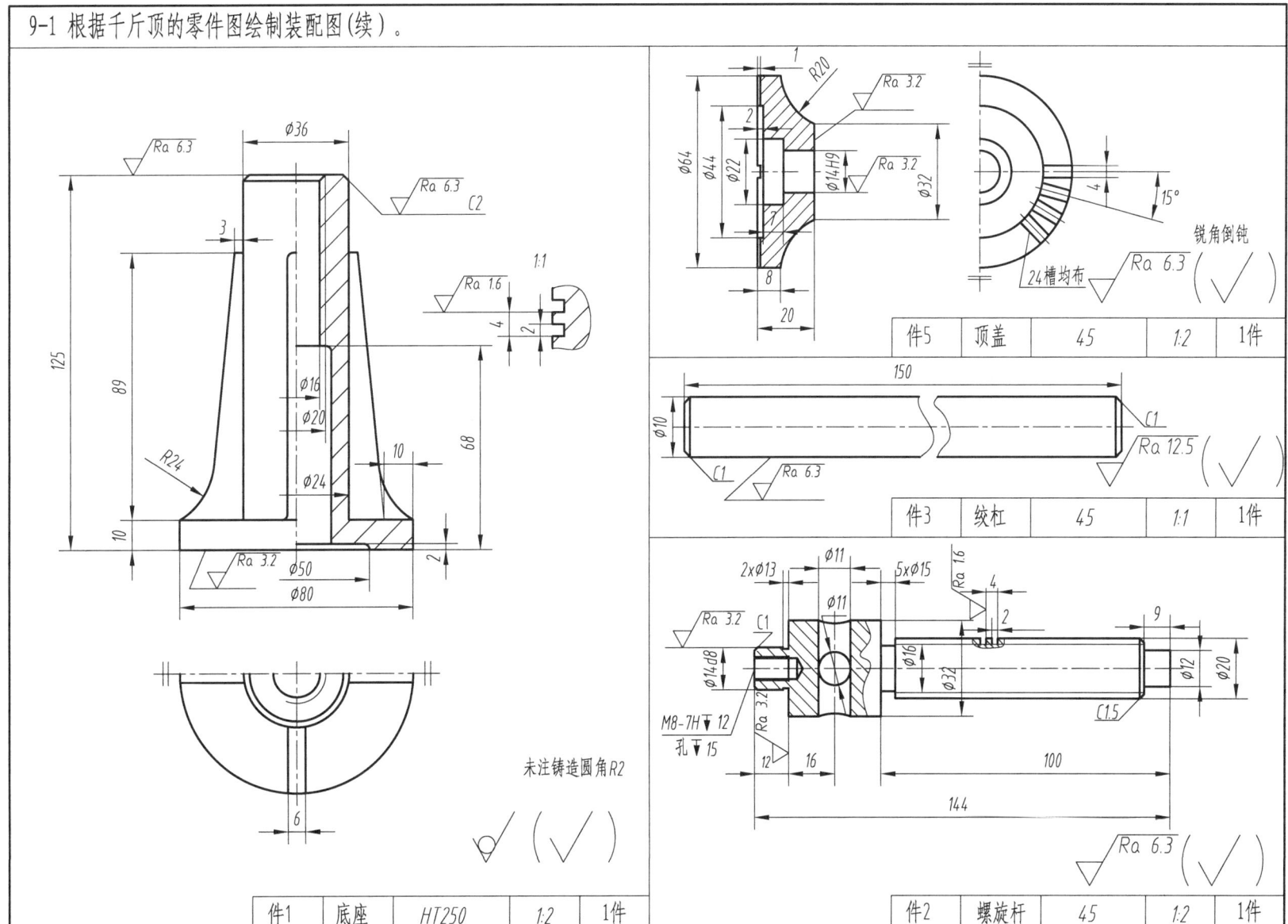

第9章 装配图

9-2 根据滚轮架零件图拼画装配图。

大作业六 作业指导

一、作业内容
　　由零件图拼装绘制装配图。

二、作业目的及要求
　　了解部件的装配顺序，培养阅读零件图及绘制装配图的能力。

三、作业时数
　　大约4学时。

四、作业题目
　　滚轮架。
　　滚轮架工作原理：滚轮架是支撑传送带的部件，右侧为滚轮架的装配简图。底座8左右装有两个支架5，由螺钉6及垫圈7连接，轴4两端装入到支架的轴孔内，并由螺钉3固定，滚轮1与轴之间左右装有两个衬套2。滚轮架通过底座上的两个凸台孔固定到机体上。工作时，由滚轮托起传送带。

五、作业指示
　1. A2图纸横放，按1：1比例绘制，图号为06.00。
　2. 根据给出的一套滚轮架零件图，仔细阅读每一张零件图，想像出零件的结构形状。
　3. 根据滚轮架的装配简图，按尺寸确定零件间的相互位置关系，了解滚轮架的功用及工作原理。
　4. 画装配图时，先画出装配轴线、对称线、中心线和基准线，从主要件、较大件画起，按顺序把其他零件逐一画上。画图时注意，相关的几个视图同时画，底稿完成后，检查无误再描深和标注尺寸，最后填写标题栏、明细表、注写技术要求。

　　该滚轮架所用到的标准件是：
　　件3　螺钉　GB/T 71-1985　M5×12　　2件
　　件6　螺钉　GB/T 65-2000　M8×22　　4件
　　件7　垫圈　GB/T 93-1987　8　　　　4件

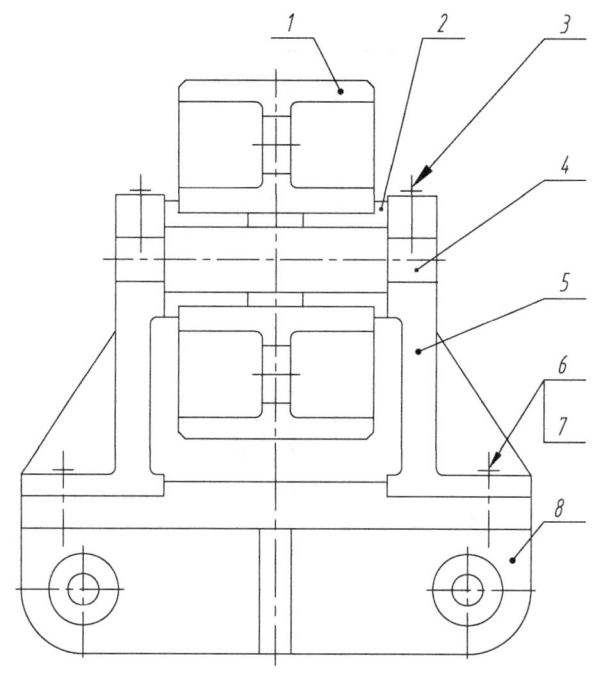

滚轮架装配简图

第9章 装配图

9-2 由滚轮架零件图拼画装配图（续）。

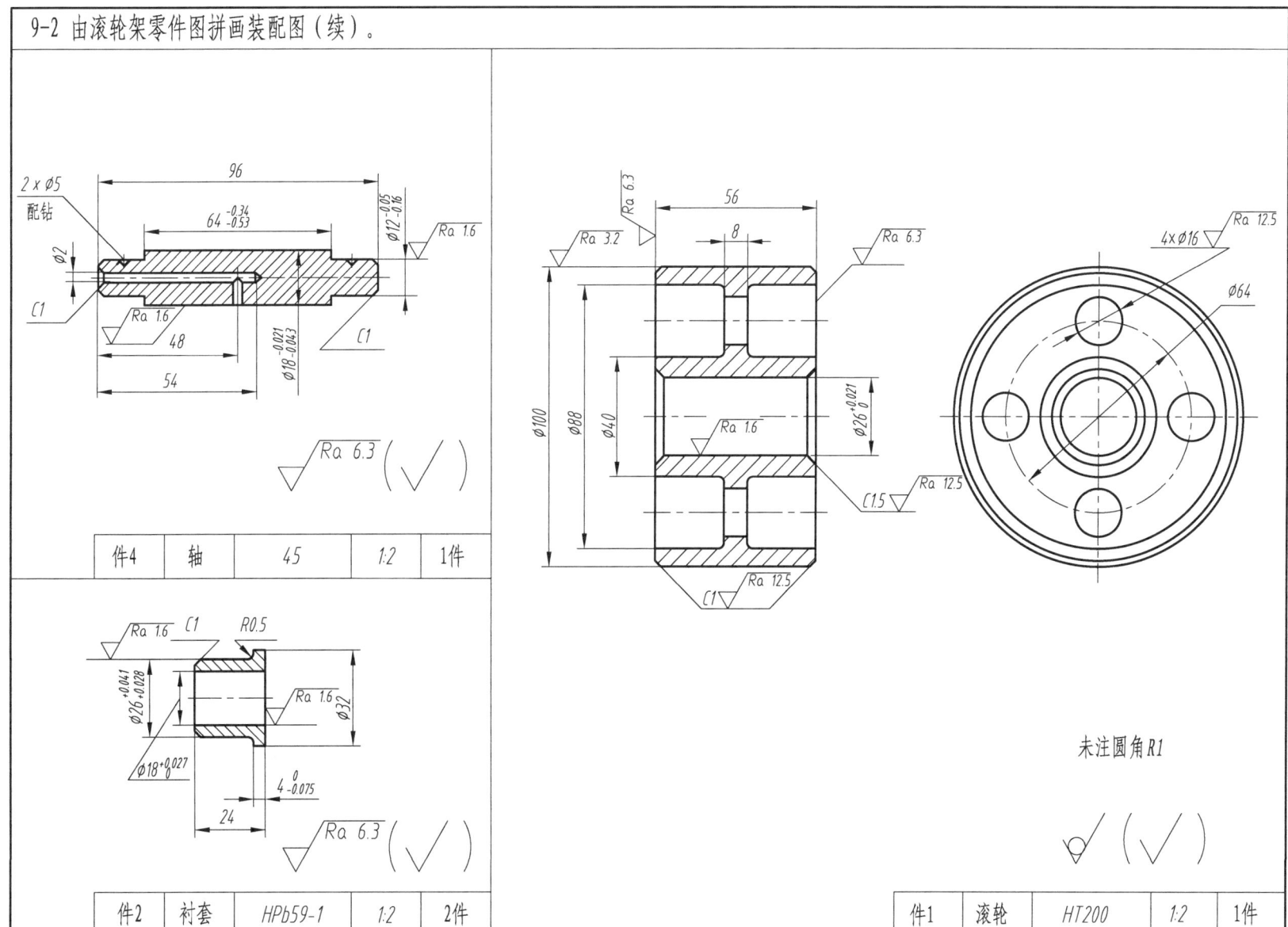

第 9 章 装配图

9-2 根据滚轮架零件图拼画装配图（续）。

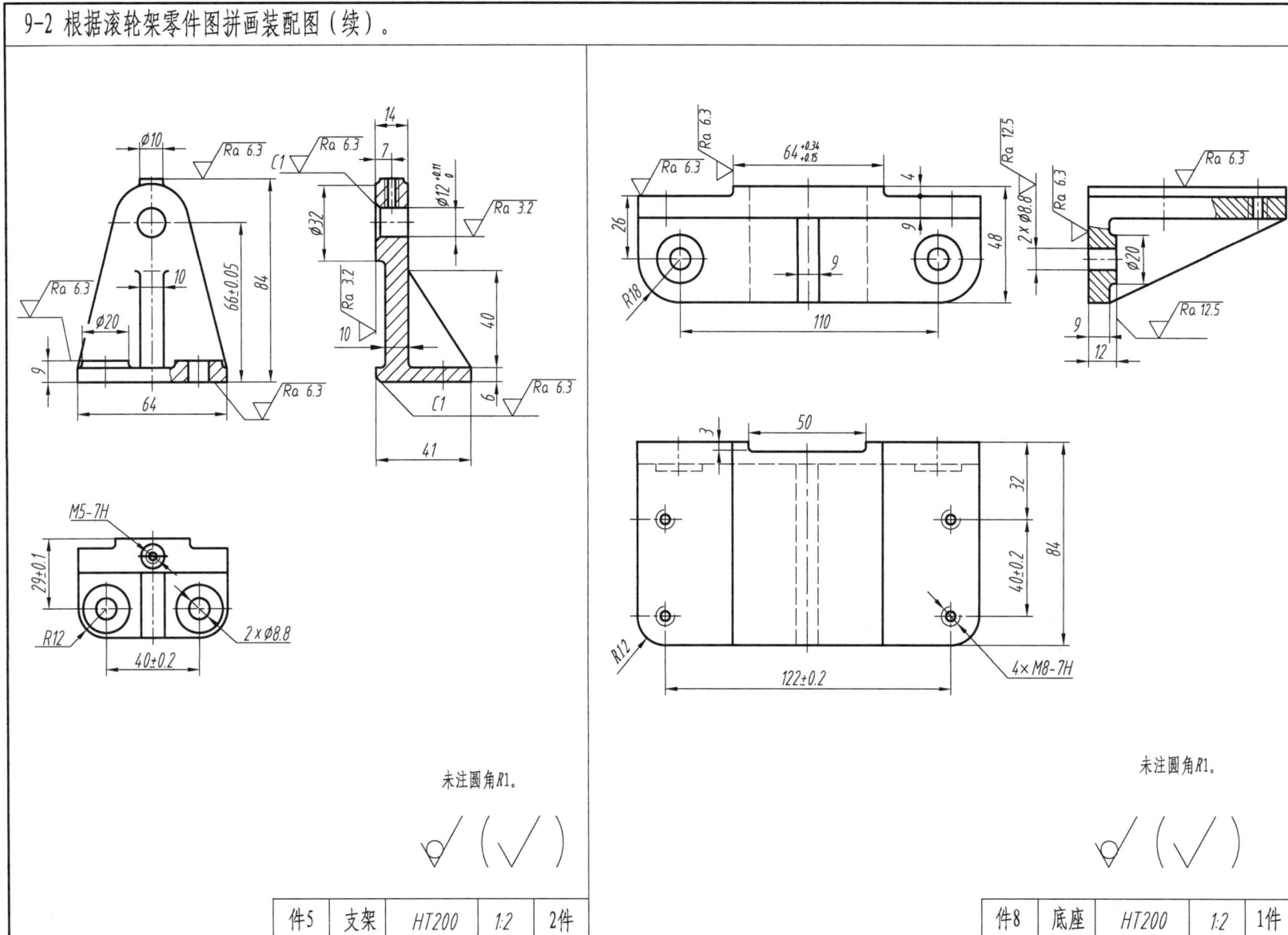

未注圆角R1。

件5 | 支架 | HT200 | 1:2 | 2件

件8 | 底座 | HT200 | 1:2 | 1件

第9章 装配图

班级　　　　学号　　　　姓名

大作业七　作业指导

一、作业内容

　　阅读装配图，并由装配图拆画零件图。

二、作业目的及要求

　　练习阅读装配图，提高看图能力，学习由装配图拆绘零件图的方法和步骤，进一步提高绘制零件图的能力。

三、作业时数

　　大约4学时。

四、作业题目

　　平口钳。

1. 平口钳的工作原理：9-3是一个机用平口钳的装配图。它主要由固定钳身4、活动钳口1以及套螺母7和丝杠8等组成。固定钳身4上有两个带孔的凸耳，使用时，用两只M12螺栓固定在机床上。固定钳身4上装有丝杠8，用扳手转动丝杠，就可以通过与之相连的螺母9带动活动钳口1左右滑动，从而夹紧或放松工件。两钳口间衬有一对硬质钳口板3，以提高夹持效果和耐磨性。

2. 看懂该装配图，了解平口钳的拆卸顺序，拆画出固定钳身4的零件图。

五、作业指示

1. 要认真阅读装配图，根据教材中"读装配图的方法"分析平口钳的表达方法，了解其用途及工作原理，各零件的装配关系、零件的主要结构和形状，以及配合要求等。

2. 根据装配图，按指定零件拆画零件图。要求视图表达正确，尺寸标注完整，技术要求标注齐全。

3. 画图前应先合理布图，确定并画出各轴线、中心线、对称线和基准线。要先用细实线打底稿，从大轮廓画起，而且相关的几个视图比照着一起画。检查无误，开始描黑并标注尺寸。

　　注意：零件图要求标注出全部尺寸。对于配合尺寸可由装配图中读取，其极限偏差则可根据配合代号查表得到，其余尺寸则可直接在图上按比例量取，经圆整后确定。其他如表面粗糙度、铸造圆角及几何公差，以及材料和热处理要求等可根据实际情况给出。

4. A2图纸横放，绘图比例为1:1，图号为07.00。

第9章 装配图

9-3 读装配图拆画零件图。

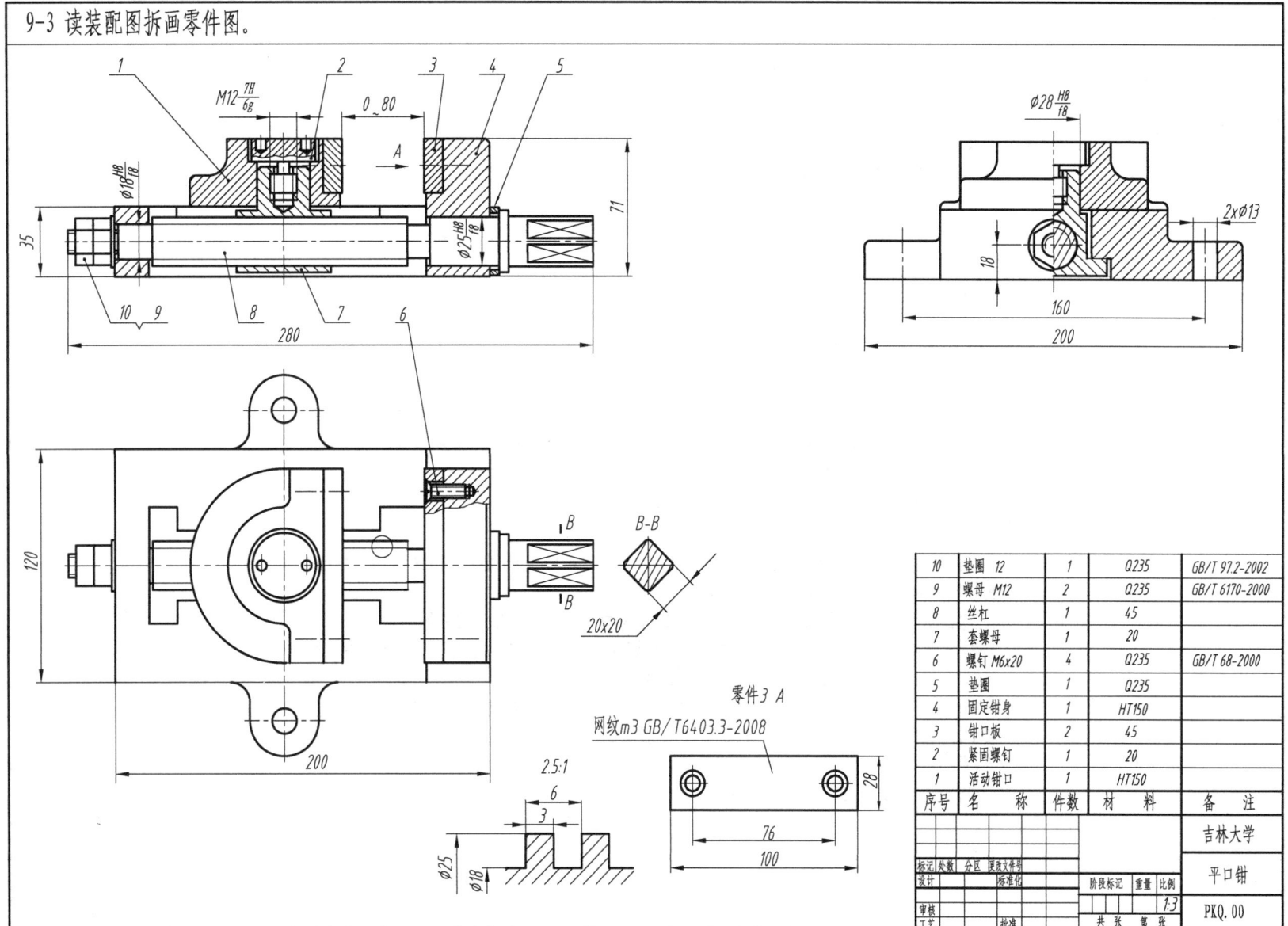